# エネルギーと
# バイオマス

古市徹/石井一英 著

〜地域システムのパイオニア〜

環境新聞社

# はじめに

　本書は、北海道大学大学院工学研究院「寄附分野循環・エネルギー技術システム分野」における3年間の官民学の共同研究の成果をまとめたものである。本寄附分野は、社会問題を解決して社会に貢献する技術システムとして、バイオマス（廃棄物系、未利用、資源作物）を中心とした安全・安心な再生可能エネルギーの普及化促進技術システムと、廃棄物のリサイクル・処理技術の効率化と採算性向上を目指した技術システムを研究開発することを目的に2015年10月に開講された。

　2011年3月11日の東日本大震災と福島第一原発の事故は、日本のリスクの考え方、とりわけエネルギーセキュリティーに対する考え方を一変させた。大規模集中型システムから、小規模分散型システムへのパラダイムチェンジである。人口減少・高齢化社会への対処の必要性も相まって、地域創生（日本政府は地方創生という言葉を使っている）の機運が高まる中で、2011年7月に固定価格買取制度（FIT）がスタートし、再生可能エネルギーとしての発電事業の推進体制が整った。

　しかしながら、FITがスタートした後の日本の状況を見ると、原発事故後の影響からか、エネルギー＝電気と言わんばかりに、太陽光・風力発電の事業が目立つようになった。エネルギーは電気のみならず、冷暖房の熱源や自動車等の燃料なども含めた総合的な対策が必要であるにもかかわらずだ。特に、ステークホルダーが多く、その調整や計画立案に時間（リードタイム）がかかるバイオマスの利活用は立ち遅れた。

　バイオマス利活用の本質は、「循環」である。「循環」利用とは、変換（マテリアル、ケミカル、サーマル）を通してバイオマスを無駄なく利用し、かつその変換過程で排出される残渣などもできる限り利用し、もう利用できなくなった残渣は廃棄物として適正処理することを意味する。そして変換過程で得られた「エネルギー」を、熱や電気として無駄なく再生

可能エネルギーとして利用するのである。すなわち地域に存在するバイオマスを、地産地消的に「循環」させ「エネルギー」を得て無駄なく使う、この両方が達成されてはじめてバイオマス利活用の効果である「地域創生」が得られるのである。エネルギーをバイオマスの循環利用から考えるという意味で、「エネルギーとバイオマス」を本書のタイトルとさせていただいた。

　バイオマスを利活用するための新技術、既存技術の効率化、既存技術の新たな組合せなど、技術の進歩や研鑽は日々続いている。水素エネルギーのように、現状ではコスト的に難はあっても、将来の技術革新などによる低コスト化も期待できよう。さらに、昨今の AI のめざましい発展と普及は目を見張るものがある。これも過去からの下積みの時代が長かった。しかし、近年の演算処理速度の進歩により爆発的な普及を遂げつつある。そして、工夫あふれる技術者による新たな社会ニーズの掘り起こしにまでつながっている。本書で扱うエネルギーとバイオマス分野の技術の発展も、このようにありたいと願っている。

　一方、地域創生を目指し、バイオマス利活用を通して新たな循環・エネルギーシステムを構築するのは、地域の構造改革を行うのに等しいと考えている。この構造改革を行う「人」が必要なのである。首長や行政職員かもしれないし、民間事業者や酪農家かもしれない。新しいことを立ち上げるのは、容易ではなく勇気が必要だ。そして、自ら先頭に立ち実践を通して、時間をかけて周囲の人々に理解してもらう。このような地道でかつ果敢な努力の積み重ねの上に、現在のバイオマス利活用事例は成り立っている。まさに、パイオニア（先駆者）のおかげである。本書の副題にある「地域システムのパイオニア」には、読者の皆さんに、地域の新しいシステムを創るパイオニアになって欲しいという著者らの願いが込められている。まだまだ稚拙ではあるが、本書掲載のケーススタディは、中長期的な観点から、地域を良い方向に変えたい、変えていくためのアイデアが詰まっている。参考になれば幸いである。

著者らは、2003年10月より寄附分野バイオリサイクル講座を立ち上げ、それ以来、研究活動・情報発信活動を通して、バイオマス利活用を中心とした再生可能エネルギーの普及に尽力してきた（2018年10月から新寄附分野バイオマスコミュニティプランニング分野が開講予定）。また、北海道バイオマスネットワーク会議（2005年、北海道庁環境生活部事務局）、NPOバイオマス北海道（2005年北海道石狩支庁による石狩バイオマスネットワーク研究会が前身、2009年NPO法人化）など、バイオマス利活用事業の支援を行ってきた。これらの活動が、少なからず、現状のバイオマス利活用の事例の立ち上げに、貢献しているのではないかと思う。

最後に、これまで寄附分野循環・エネルギー技術システム分野に参画してくださった企業の皆様、研究会でオブザーバーとして参加してくださった自治体、企業の皆様、セミナー及びシンポジウムに参加してくださった皆様、研究や本書の出版を進めるにあたって情報提供をいただきました自治体の皆様に深く感謝申し上げる。

2018年10月

北海道大学大学院工学研究院
寄附分野循環・エネルギー技術システム分野
客員教授　古市　徹
（北海道大学名誉教授）

# エネルギーとバイオマス ~地域システムのパイオニア~

はじめに………………………………………………………………………… 3

第1章 なぜ循環とエネルギーか？ ……………………………… 9

1.1 循環とエネルギーにまつわる社会情勢 ……………………… 9
1.1.1 持続可能な開発目標（SDGs）／1.1.2 地球温暖化に対する緩和策と適応策／1.1.3 人口減少と超高齢化社会／1.1.4 東日本大震災を契機とした再生可能エネルギーの推進／1.1.5 バイオマスエネルギー／1.1.6 バイオマスに関連する個別の動向

1.2 3つの社会とバイオマス利活用……………………………… 18

1.3 バイオマスの循環とエネルギーの意義 ……………………… 19
1.3.1 地域のモノとカネの流れと環境／1.3.2 循環とエネルギーの関係

1.4 海外のバイオマスエネルギーの位置づけ …………………… 21
1.4.1 世界の再生可能エネルギーとバイオマスエネルギー／1.4.2 EU諸国における再生可能エネルギーとバイオマスエネルギー

1.5 国内の地域循環の現状と課題 ………………………………… 23

1.6 国内のバイオエネルギーの現状と課題 ……………………… 25

1.7 国内外の取り組み …………………………………………… 28
1.7.1国内の取り組み／1.7.2国外の取り組み

第1章の参考文献…………………………………………………… 37

第2章 循環・エネルギーシステム構築の課題とアプローチ… 39

2.1 循環・エネルギーシステム構築の考え方 …………………… 39

2.2 循環・エネルギーのあるべき姿と課題 ……………………… 43

2.3 課題解決のアプローチ ……………………………………… 45

2.4 各WGのアプローチ ………………………………………… 46

第2章の参考文献…………………………………………………… 49

第3章 廃棄物系バイオマスのバイオガス事業の
フィージビリティスタディ ……………………………… 51

3.1 廃棄物系バイオマスのバイオガス事業の背景 ……………… 51
3.1.1 廃棄物系バイオマスと廃棄物処理施設整備／3.1.2 バイオガス事業の先進事例／3.1.3 先進事例における導入と成功要因の分析

3.2 都市規模とバイオガスシステムの選定 ………………………61
3.2.1 都市規模とバイオガスシステム／3.2.2 バイオガス事業の条件と課題 3.2.3バイオガスシステムの設定

# CONTENTS

**3.3 フィージビリティスタディFSモデル検討** ······················· 64

3.3.1 農山漁村のモデル事業（A町 23,000人）／ 3.3.2 小規模都市のモデル事業（B市C町70,000人）～下水汚泥と生ごみの混合処理事業／3.3.3 小規模都市のモデル事業（D市 89,000人）～既存消化槽利用混合処理／3.3.4 中規模都市のモデル事業（E市 120,000人）／3.3.5 モデル事業のFS検討の総括

**3.4 第3章のまとめ** ················································· 92

**第3章の参考文献** ···················································· 94

# 第4章 最終処分システムを組み込んだ
## 広域連合型事業の提案 ·············································· 95

**4.1 最終処分システムの課題と提案の背景** ····················· 95

4.1.1 道内における最終処分システムからみたバイオマス利活用の課題／4.1.2 MBT導入によるバイオマス利活用の狙い

**4.2 広域連合型最終処分システムの検討方法** ················· 102

4.2.1 検討の流れ／4.2.2 ケーススタディの方法

**4.3 広域連合型最終処分システムのケーススタディ** ············· 118

4.3.1 ケーススタディの対象地域／4.3.2 A地域におけるケーススタディ／4.3.3 B地域におけるケーススタディ／4.3.4 C地域におけるケーススタディ

**4.4 ABC構想実現のための広域連合型最終処分システムの提案** ··· 137

4.4.1 ケーススタディのまとめ／4.4.2 広域連合化の課題と対応／4.4.3 広域連合型事業を推進するための事業形態／4.4.4 今後に向けて

**第4章の参考文献** ···················································· 143

# 第5章 未来社会を導くバイオマス利用技術 ··················· 145

**5.1 未来社会とバイオマス利用の意味** ·························· 145

5.1.1 未来社会の想定される姿 5.1.2 未来社会におけるバイオマス利用の意味

**5.2 集落からみたバイオマス利用のあり方** ······················ 150

5.2.1 集落における需要および供給可能エネルギーの整理 5.2.2 集落でのバイオマスの組合せによるエネルギーシステム検討 5.2.3 バイオマスビレッジを想定したエネルギーシステムの検討 5.2.4 バイオマスビレッジ構築に向けた課題

**5.3 未来社会に対応した焼却処理事業のあり方について** ········· 159

5.3.1 背景 5.3.2 焼却施設のあり方の提案 5.3.3 経済性シミュレーション 5.3.4 未来社会に対応した焼却施設事業のあり方

# CONTENTS

5.4　稲わら等農業残渣のバイオマス付燃料利用に向けて ………… 167
　　5.4.1　農業残渣の利活用の現状／5.4.2　農業残渣利活用の課題／5.4.3　農業残渣のマイナス面を払拭する半炭化技術／5.4.4　稲わらの半炭化実験／5.4.5　他の農業残渣の半炭化の検討／5.4.6　未来社会に向けた農業残渣の燃料に向けて

5.5　メタン発酵システムにおける新たな消化液利用方策 ………… 172
　　5.5.1　メタン発酵システムへの社会要請／5.5.2　メタン発酵システムの普及上の課題／5.5.3　消化液の新たな利用方法開発の方向性／5.5.4　消化液を用いた土着藻類の培養について

5.6　バイオマス由来の水素サプライチェーンの展開 ……………… 178
　　5.6.1　なぜ水素のサプライチェーンなのか／5.6.2　しかおい水素ファーム／5.6.3　水素ファームの将来構想／5.6.4　再生可能エネルギー大量導入への貢献

第5章の参考文献 ……………………………………………………… 183

## 第6章　まとめと展望 ……………………………………………… 187

## 資料編　寄附分野「循環・エネルギー技術システム分野」からの発信 …………………………………………………… 191

第1章　循環・エネルギー技術システム分野の概要 ………………… 191
1.1　設立経緯 …………………………………………………………… 191
1.2　設立趣旨 …………………………………………………………… 191
1.3　活動内容 …………………………………………………………… 192
　　1.3.1　研究内容／1.3.2　情報発信

第2章　研究会・セミナー・シンポジウム …………………………… 193
2.1　研究会の開催 ……………………………………………………… 193
2.2　シンポジウム・セミナーの開催 ………………………………… 193
　　2.2.1　第1回セミナー（2016年3月11日）／2.2.2　第2回セミナー（2016年7月1日）／2.2.3　第1回シンポジウム（2016年9月14日）／2.2.4　第3回セミナー（2016年12月7日）／2.2.5　第4回セミナー（2017年2月16日）／2.2.6　第5回セミナー（2017年6月23日）／2.2.7　第2回シンポジウム（2017年8月25日）／2.2.8　第6回セミナー（2017年11月22日）／2.2.9　第7回セミナー（2018年2月16日）／2.2.10　第3回シンポジウム（2018年7月25日）／2.2.11　第4回シンポジウム（2018年9月4日）

あとがき ～寄附分野シンポジウム・セミナーを振り返って ………… 207

編著者・執筆者一覧 …………………………………………………… 217

# 第1章　なぜ循環とエネルギーか？

## 1.1　循環とエネルギーにまつわる社会情勢

### 1.1.1 持続可能な開発目標（SDGs）

　技術開発と経済発展の恩恵を受け特に先進国における人間の生活は物質的に豊かで便利なものとなる一方で、地球規模で人口は増加し、開発途上国における貧困は増々悪化し、経済格差は広がっている。私達が生活をする地球に目を向けてみると、様々な人間活動の影響により、人類が生存し続けるための基盤となる地球環境の悪化は増々深刻化しており、地球の生命維持システムは存続の危機に瀕している。開発途上国のみが対象であった「ミレニアム開発目標（MDGs）」の反省を受け、気候変動や貧困問題などグローバルな問題の解決には、先進国と開発途上国が共に取り組むことが重要であるという認識が共有され、2015年9月の国連総会では「持続可能な開発のための2030アジェンダ」が採択された。これは国際社会全体が人間活動に伴って引き起こされる諸問題を喫緊の課題として認識し、協働して解決に取り組んでいくことを決意した画期的な合意であり、その冒頭では持続可能な開発のキーワードとして、人間（People）と地球（Planet）、繁栄（Prosperity）、平和（Peace）、連帯（Partnership）の「5つのP」が掲げられている。そして、その中核をなす目標として「持続可能な開発目標（Sustainable Development Goals：SDGs）」が採択された。SDGsは**表1.1-1**に示す17のゴールと各ゴールに設定された合計169のターゲットから構成されている。各ゴールによってその濃淡はあるものの、例えばゴール6「安全な水とトイレを世界中に」やゴール12「つくる責任 つかう責任」、ゴール13「気候変動に具体的な対策を」、ゴール14「海の豊かさを守ろう」、ゴール15「陸の豊かさを守ろう」のように環境との関連が深いものは多い。その中でも特にゴール12「つくる責任 つかう責任」は、食品ロスの削減や廃棄物処理

における温暖化対策（温室効果ガス排出量の削減や廃棄物系バイオマスの利活用推進、焼却施設での余熱利用や廃棄物発電の推進等）などの廃棄物政策と密接に関連した内容となっている。

表1.1-1　SDGs17のゴール

| ゴール1 | 貧困をなくそう：あらゆる場所で、あらゆる形態の貧困に終止符を打つ |
|---|---|
| ゴール2 | 飢餓をゼロに：飢餓に終止符を打ち、食料の安定確保と栄養状態の改善を達成するとともに、持続可能な農業を推進する |
| ゴール3 | すべての人に健康と福祉を：あらゆる年齢のすべての人々の健康的な生活を確保し、福祉を推進する |
| ゴール4 | 質の高い教育をみんなに：すべての人々に包摂的かつ公平で質の高い教育を提供し、生涯学習の機会を促進する |
| ゴール5 | ジェンダー平等を実現しよう：ジェンダーの平等を達成し、すべての女性と女児のエンパワーメントを図る |
| ゴール6 | 安全な水とトイレを世界中に：すべての人々に水と衛生へのアクセスと持続可能な管理を確保する |
| ゴール7 | エネルギーをみんなに そしてクリーンに：すべての人々に手ごろで信頼でき、持続可能かつ近代的なエネルギーへのアクセスを確保する |
| ゴール8 | 働きがいも 経済成長も：すべての人々のための持続的、包摂的かつ持続可能な経済成長、生産的な完全雇用およびディーセント・ワークを推進する |
| ゴール9 | 産業と技術革新の基盤をつくろう：レジリエントなインフラを整備し、包摂的で持続可能な産業化を推進するとともに、イノベーションの拡大を図る |
| ゴール10 | 人や国の不平等をなくそう：国内および国家間の不平等を是正する |
| ゴール11 | 住み続けられるまちづくりを：都市と人間の居住地を包摂的、安全、レジリエントかつ持続可能にする |
| ゴール12 | つくる責任 つかう責任：持続可能な消費と生産のパターンを確保する |
| ゴール13 | 気候変動に具体的な対策を：気候変動とその影響に立ち向かうため、緊急対策を取る |
| ゴール14 | 海の豊かさを守ろう：海洋と海洋資源を持続可能な開発に向けて保全し、持続可能な形で利用する |
| ゴール15 | 陸の豊かさも守ろう：陸上生態系の保護、回復および持続可能な利用の推進、森林の持続可能な管理、砂漠化への対処、土地劣化の阻止および逆転、ならびに生物多様性損失の阻止を図る |
| ゴール16 | 平和と公正をすべての人に：持続可能な開発に向けて平和で包摂的な社会を推進し、すべての人々に司法へのアクセスを提供するとともに、あらゆるレベルにおいて効果的で責任ある包摂的な制度を構築する |
| ゴール17 | パートナーシップで目標を達成しよう：持続可能な開発に向けて実施手段を強化し、グローバル・パートナーシップを活性化する |

※ 国際連合広報センターHPの情報をもとに作成。

一方、企業の長期的な成長のためには環境（Environment）、社会（Social）、ガバナンス（Governance）が重要であり、そのような観点を重要視している企業に投資が集まりつつある（ESG投資）。SDGsに基づいた企業活動が、さらに良質の投資を受ける機会につながるとされ、環境を含む社会貢献と経済活動が密接に関連するようになってきた。

### 1.1.2　地球温暖化に対する緩和策と適応策

2015年12月の気候変動枠組条約第21回締約国会議（Conference of Parties 21：COP21）では歴史上初めて先進国と途上国の区別なく温室効果ガス削減に向けて自国の決定する目標を提出し、目標達成に向けた取組を実施することなどを規定した公平かつ実効的な枠組みとして「パリ協定」が採択された。パリ協定では、地球の平均気温の上昇を2℃より十分下方に抑えるとともに、1.5℃に抑える努力を追求することなどを目標としており、この目標を達成するために、今世紀後半に人為的な温室効果ガスの排出量と吸収の均衡（世界全体でのカーボンニュートラル）を達成することを目指している。パリ協定と2015年7月に国連に提出された「日本の約束草案」を踏まえ、日本の地球温暖化対策を総合的かつ計画的に推進するための計画として「地球温暖化防止計画」が2016年5月に閣議決定されている。この計画の中で目指すべき方向として、温室効果ガスの排出量を2030年度までに2013年度比で26％減とする中期目標と、2050年度までに80％減とする長期目標が示されている。

また将来の気候変動は不可避であり、気候変動によって生じる悪影響をできる限り回避、あるいはその悪影響をできるだけ小さくするための適応策が必要とされている。気候変動による悪影響は地域によって異なるので、国や地域毎の適応策を講じる必要がある。日本では、2018年2月には気候変動適応法案が閣議された。

### 1.1.3　人口減少と超高齢化社会

　国内に目を向けてみると、2010年の1億2,806万人をピークに、2053年には国内の人口が1億人を割ると推計[1]されており、世界に先駆けて人口減少と超高齢化社会を迎えている。特に、過疎化が進行する地域、脆弱な産業基盤しか持たない地域においては、地方自治体の財政力の弱さも相まって、その状況は深刻であり、特に生産年齢人口の減少等は日本国内の経済成長の制約となりつつある。

### 1.1.4　東日本大震災を契機とした再生可能エネルギーの推進

　2011年3月11日に発生した東日本大震災を契機として、防災から減災へと自然の猛威に対する対応の仕方が変化してきたことに関係し、リスクの考え方が今まで以上に重要となっている。大規模集中型の原子力エネルギーに依存した社会がいかに脆く、危険であるかを先の大震災により再認識させられた。その結果、従来の大規模集中型のエネルギーシステムから地域分散型（地産地消型）のエネルギーシステムを軸とする再生可能エネルギーに対する社会の意識が高まっている。

　再生可能エネルギーとは、法律[2]により「エネルギー源として永続的に利用することができると認められたもの」と定義されており、具体的には、太陽光と風力、水力、地熱、太陽熱、大気中の熱や自然界に存在する熱、バイオマスの7種類[1]が規定されている。

　固定価格買取制度（Feed-In Tariff、以下、FIT）が2012年7月にスター

---

1　再生可能エネルギーの「法律上の対象」と「FITでの対象」は異なる。FITでは、特に発電分野において安定的なエネルギーの供給、環境負荷低減の目的から導入促進を図るべきものとして、太陽光発電、風力発電、水力発電（出力3万kw未満）、地熱発電、バイオマス発電（木質系、廃棄物系）が対象となっている。

2　生活や産業活動により生じるもの、いわゆる廃棄物であり、適正に処分することが義務付けられているバイオマスのことを指す。例えば、生ごみや下水汚泥、家畜ふん尿、食品廃棄物、建設廃材、黒液等。

トされ、国が定める固定価格で一定期間電気事業者に再生可能エネルギー由来の電気の調達を義務づけた。それ以降、各種再生可能エネルギーの推進が図られたが、特に日本の場合、FITスタート直後は太陽光発電が急速に普及が進んだ。制度スタートから2018年9月までの買取電力量の累計[3]は、太陽光（住宅、非住宅含む）133TWh、風力発電26TWh、バイオマス25 TWh、中小水力7 TWh、地熱0.2TWhとなっている。

### 1.1.5　バイオマスエネルギー

　再生可能エネルギーの中でも、バイオマスは「再生可能な、生物由来の有機性資源で化石資源を除いたもの」と定義されており、地球に降り注ぐ太陽のエネルギーを利用して、無機物である水と二酸化炭素（以下、$CO_2$）から、生物が光合成によって生成した有機物であり、私たちの生活の中で、生命と太陽エネルギーが存在する限り持続的に再生可能な資源である。バイオマス資源はその特徴により、廃棄物系バイオマス2と未利用バイオマス3、資源作物4に大別される[4]。なお、燃焼やバイオガス化等によってバイオマスから得られるエネルギーのことを「バイオマスエネルギー（または、バイオエネルギー）」と呼ぶ。

　2002年12月に閣議決定され、2006年に改訂された「バイオマス・ニッポン総合戦略」は、農林水産省をはじめとした関係府省が協力して、バイオマスの利活用推進に関する具体的な取り組みや行動計画を長期的戦略として定めたものである。バイオマスを貴重な資源として捉え、その利用を促進していくために、従来のマテリアル利用だけでなく、エネル

---

3　収集費用が高いまたは集める仕組みがないことなどを理由に、資源として利用されず廃棄されているバイオマスのことを指す。例えば、農作物の非食用部（稲わら、むぎわら、籾殻）、林地残材（間伐材、被害木等）。

4　資源として利用することを目的に栽培されたバイオマスのことを指す。例えば、菜の花、さとうきび、トウモロコシ等。

ギーとしての利用も進めていくことの重要さが明記されている。それ以降、国産バイオ燃料の本格的導入、林地残材等の未利用バイオマスの活用等によるバイオマスタウン構築の加速化等を図るための施策が推進されている。

そしてバイオマス利活用の推進に関する施策を総合的かつ計画的に推進することを基本理念として「バイオマス活用推進基本法」が2009年6月に制定（同年10月施行）され、それを基に「バイオマス活用推進基本計画」が2010年12月に閣議決定されている。なお、バイオマス活用推進基本計画は2016年9月に見直され、地域に存在するバイオマスを活用して、地域が主体となった事業を創出し、農林漁業の振興や地域への利益還元による活性化につなげていくことを基本的な方針に、現在は下記の3項目が2025年までの目標として定められている。

・年間約2,600万炭素トンのバイオマスを利用することにより環境負荷の少ない持続的な社会を構築していくこと
・全都道府県600市町村₅でバイオマス活用推進基本計画を策定し、農林漁業・農山漁村の活性化を図っていくこと
・新たな産業（例えば、バイオマスの混合利用・下水汚泥由来の水素ガスの製造、消化液等副産物の利用、微細藻類等の次世代バイオ燃料の開発等）を創出することにより5,000億円の市場を形成していくこと

その後、バイオマス活用推進基本法に基づいて、バイオマスの活用を総合的、一体的かつ効果的に推進していくために関係7府省（内閣府、総務省、文部科学省、農林水産省、経済産業省、国土交通省、環境省）で構成される「バイオマス活用推進会議」が設置されている。バイオマス活用推進会議が策定したバイオマス事業化戦略の柱の一つのとしてバイオマス産業都市を構築することとしており、2018年4月時点で全国79

---

5　2017年12月時点で、都道府県計画18道府県、市町村計画44市町村（類似施策を含めると、重複を排除して379市町村）がバイオマス活用推進計画を策定している。

市町村6が選定されている。なお、バイオマス産業都市とは、経済性が確保された一貫システムを構築し、地域の特色を活かしたバイオマス産業を軸とした環境にやさしく災害に強いまち・むらづくりを目指す地域のことである。

## 1.1.6　バイオマスに関連する個別の動向

### （1）家畜排せつ物

　家畜排せつ物（または家畜ふん尿）はこれまで畜産業における貴重な資源として、農産物や飼料作物の生産に有効に利用されてきたが、近年、畜産経営の急激な大規模化等に伴い、家畜排せつ物の資源としての利用が困難になりつつある。結果として、野積みや素掘りをはじめとする不適切な管理が増え、それが原因で周辺環境の悪化（例えば、河川や地下水の水質汚染等）を招くなどの事例が発生している。畜産業における家畜排せつ物の適正化を図るとともに家畜排せつ物の利用促進を図ることを目的に、1999年11月に「家畜排せつ物法」が制定されている。この法律により対象となる家畜農家7は、家畜排せつ物の処理・保管施設を設置するとともにその施設内で管理することが義務付けられ、都道府県はその地域の実情に即した施設整備の目標等を盛り込んだ計画を作成することとなっている。

---

6　年度別選定地域数でみてみると、2013年度1次で26市町村が、2次で8市町村が、2014年度で6市町が、2015年度で12市町が、2016年度で16市町村が、2017年度で11市町村が選定され、北海道ブロックでは2013年度1次で「十勝地域（19市町村）」「下川町」「別海町」が、2次で「釧路市」「興部町」が、2015年度で「平取町」が、2016年度で「知内町」「音威子府村」「西興部村」「標茶町」が、2017年度で「滝上町」「中標津町」「鶴居村」の計31市町村が選定されている。

7　小規模農家（牛10頭未満、豚100頭未満、鶏2,000羽未満、馬10頭未満）は対象外。

## （2）食品廃棄物

　近年世界的にも食品ロス（本来食べられるにも関わらず捨てられてしまうもの）の削減が注目を集めている。国内においても、食品の売れ残りや食べ残しにより、または、食品の製造過程において大量に発生している食品廃棄物の発生抑制と減量化により最終的に処分される量を減少させるとともに、再生利用を促進することを目的に「食品循環資源の再生利用等の促進に関する法律（食品リサイクル法）」が2000年6月（最終改訂は2007年6月）に制定されている。食品リサイクル法に基づく事業者からの報告等に基づいて推計された結果によると、平成27年度には約2,842万トンの食品廃棄物等が発生しており、そのうち食品ロスは約646万トンであったと推計されている。食品廃棄物については発生抑制に取り組むことが最優先ではあるが、どうしても発生した食品廃棄物の再生利用手法の優先順位については2015年7月の改正により、「①飼料化、②肥料化・メタン化（発酵廃液等を肥料利用する場合）、③油脂化・メタン化（発酵廃液を肥料利用しない場合）・エタノール・炭化、④その他」となっており、発酵廃液等を肥料利用する場合のメタン化の優先順位があがっている。また、食品産業における再生利用率[8]は2014年度時点で食品製造業95％、食品卸売業70％、食品小売業45％、外食産業40％となっており、食品リサイクルループの形成など更なる取り組みが推進されているところである。

## （3）下水汚泥

　経済成長とともに、人口増加を前提に整備されてきたインフラについても既に重要な方針転換の時期を迎えており、ここではその一例として下水道を取り上げる。下水道は公衆衛生の向上や河川・海等の水質を保

---

8　再生利用等実施率の2019年度の目標は食品製造業が95％、食品卸売業が70％、食品小売業が55％、外食産業が50％となっている。

全することなど、その時代の社会的要請（課題）に答える形で役割を変え法律も含め社会インフラとして整備されてきた。近年では、集中豪雨等による浸水被害や再生可能エネルギーの活用推進を背景に、官民連携による取り組みや規制緩和等活発な取り組みが展開されている。エネルギーに関連する分野では、2015年5月の下水道法改正により、下水汚泥を燃料・肥料として再生利用することに努めることが明確化されるとともに、消化工程からの余剰ガスの有効利用や焼却炉更新時には固形燃料化施設の導入について積極的に検討することが盛り込まれている。また、地域から発生するバイオマス資源（生ごみやし尿、剪定枝、家畜排せつ物等）を下水汚泥と併せて集約処理し、エネルギーや堆肥としての利用を促進するために「下水処理場における地域バイオマス利活用マニュアル」が2017年3月に策定されている。集約処理することでスケールメリットを生かして地域のバイオマス資源の有効利用を図ることで、処理経費の低減も見込めるため、現在先進的に実施されている事例（恵庭市、北広島市、新潟市、珠洲市、黒部市、神戸市）をさらに展開していくことを目指した内容となっている。下水汚泥活用の更なる展開として、水素製造・供給に関する取り組みが進められている。

（4）水素エネルギー

2014年6月に策定され、2016年3月に改訂された「水素・燃料電池戦略ロードマップ（水素・燃料電池戦略協議会）」を皮切りに、2017年12月の第2回再生可能エネルギー・水素等関係閣僚会議では、世界に先駆けて水素社会を実現するために「水素基本戦略」が決定されている。環境省およびNEDO、国土交通省などの実証試験が数多く行われている。バイオマス関連では、家畜ふん尿由来のバイオガスから製造した水素を地域内の施設の定置用燃料電池等で利用する水素サプライチェーンの実証事業（鹿追町、5章で詳細を述べる）や下水汚泥を利用した福岡市中部水処理センターでの実証事業がある。

## 1.2 3つの社会とバイオマス利活用

2007年6月に「21世紀環境立国戦略」[5]が閣議決定され、国内外を挙げて取り組むべき環境政策の方向性が明示されるとともに、今後の世界の枠組み作りへ日本が貢献するうえでの指針が示された。この戦略では、持続可能な社会の実現に向け、「循環型社会」と「低炭素社会」、「自然共生社会」の取り組みを統合的に展開していくことの重要性が提示されている。

**図1.2-1**に3つの社会をバイオマス利活用から見た例を示す。食品廃棄物等の廃棄物系バイオマスの利活用は循環型社会の形成に寄与し、それら廃棄物をエネルギー変換することで低炭素社会の形成にも寄与する。また、林地未利用材や農業残渣等の未利用バイオマスを利用することは、自然共生社会の形成に寄与するだけでなく、循環型社会および低炭素社会の形成にも大きく貢献することを意味している。このようにバイオマスを利用することは3つの社会を構築することに貢献すると考えられる。これらの統合的な活動を通じてSDGsへ貢献する、企業であれば新たなESG投資の呼び水へとつながるのである。

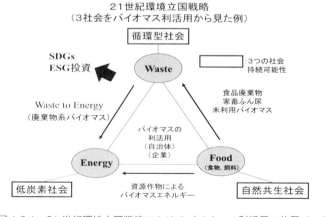

図 1.2-1 21世紀環境立国戦略におけるバイオマス利活用の位置づけ[6]

## 1.3 バイオマスの循環とエネルギーの意義

### 1.3.1 地域のモノとカネの流れと環境

　循環とエネルギーの話しの前に、**図1.3-1**を使って地域内のモノとカネの流れを考えてみる。国、都道府県、市町村などの境界を有する地域では、外部から①資源や製品を③資金を出して購入し、工業等の生産活動を行う。そして②製品を売り、④売上げを得て、生計を営んでいる。生産・流通過程及び生活消費を通じて排出された廃棄物等は、基本的には適正処理され、最終処分される。また同時に、地下水汚染や温室効果ガスなど環境へ影響を与えている。エネルギー利用も含めた廃棄物等の循環利用を行うことの意味を考える。

　一つ目は、資源生産性（①投入資源当たりの④地域の売上げ）の向上であり、循環利用を最大にすることは、投入資源の節約につながる。二つ目は、環境効率（④地域の売上げ当たりの⑤環境負荷の大きさ）の向上であり、経済活動を考慮し環境負荷をできるだけ少なくすることが重

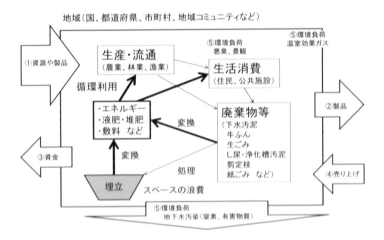

図1.3-1　地域のモノとカネの流れと循環利用の位置づけ

要となる。最終処分量の削減もこの考え方に当てはまる。最後に、資金流出抑制（③）による内部資金循環である。例えば、循環利用によるエネルギーを利用すると、これまで外部に支払ってきた資金が地域内部で利用されることになる。

すなわち、地域内での循環利用は、地産地消につながり、そして雇用の創出、災害時にでも利用できるエネルギーの創出が可能となる。また、地域内で循環利用する仕組みをつくることは、地域内外のモノとカネの流れが、大きく変わることを意味する。ヒトも変化する。地域の構造改革につながるのである。このような考え方は、人口減少・超高齢化社会に直面する地方で特に重要であり、まさにバイオマス利活用を推進することは地域創生につながるのである。

### 1.3.2　循環とエネルギーの関係

前述したように、東日本大震災と福島第一原発事故以降、再生可能エネルギー利用に注目が集まるようになった。特に、FIT導入を皮切りに、太陽光や風力、大型の木質バイオマス発電の導入が進んでいる。太陽光や風力の不安定性やコスト、輸入バイオマスによる発電に対する批判はあろうが、これらの発電規模は数千kW規模と大きい。一方、牛ふんや生ごみのバイオガスプラントの発電規模は、数百kWと太陽光や風力等よりも小さい。すなわち、太陽光、風力、大型のバイオマス発電は、発電することを主たる目的としている発電事業である。一方、バイオガスプラントは、例えば、牛ふんであれば、悪臭対策、良質な液肥の生産、健全な草地の育成など、酪農業を基盤とする循環を主目的としていることから、発電事業というよりも、循環事業ということができる。むしろ、発電はFITを介して得られた資金が、バイオガスプラントの運営に利用できる、いわば発電は、循環を下支えしている。

地域でのバイオマスや廃棄物の利活用システムを構築する際に、この循環とエネルギーの両面を考慮することが重要である。とりわけ、FIT

が適用されない地域やFIT終了後のシステムを構築する際には、経済的事業成立上、重要となる。地域に存在するバイオマスを地産地消的に循環させ、エネルギー利用することは、これまでの大規模集中型を省み、小規模分散型のエネルギー供給を行うことに他ならず、まさに時代の文脈上、地域に求められている事業であると言えよう。

## 1.4　海外のバイオマスエネルギーの位置づけ

### 1.4.1　世界の再生可能エネルギーとバイオマスエネルギー

　フランスパリに拠点を置くREN21（Renewable Energy Policy Network for the 21st Century）の報告書によれば、2016年度の世界の最終消費エネルギー量の内、79.5%が化石燃料、2.2%が原子力、7.8%が伝統的なバイオマス（Traditional biomass：発展途上国で煮炊きに利用されているバイオマス）、4.1%がバイオマス・太陽・地熱を用いた熱利用、3.7%が水力発電、0.9%が風力・太陽光・バイオマス・地熱・潮力発電であり、伝統的なバイオマス利用も含めると再生可能エネルギーのシェアは18.2%となる（2010年度は16.7%）。

　電力部門だけ特化し100%とすると、2016年度は16.4%が水力発電、5.6%が風力発電、2.2%がバイオマス発電、1.9%が太陽光発電、0.4%がその他、合計26.5%が再生可能エネルギー由来である（2010年度は20.3%）。

　別の組織であるIEA（International Energy Agency）[8]によると、2015年の全一次エネルギーに占める再生可能エネルギーの割合は13.4%であり、その再生可能エネルギーを100%とすれば、バイオマス（廃棄物含む）は70.7%、水力18.3%、風力4.0%、太陽光と潮力合わせて3.0%、地熱4.1%であった。

　世界の再生可能エネルギーに占めるバイオマスの割合は、伝統的熱利用も含めるとかなり大きいということができる。

## 1.4.2　EU諸国における再生可能エネルギーとバイオマスエネルギー

　EU諸国では、持続可能な社会構築のため2020年度までに達成すべき3つの目標がある。温室効果ガス排出量削減20%（1990年比）、再生可能エネルギーのシェア20%、そしてエネルギー効率20%である。これまでの進捗状況[9]として、再生可能エネルギーのシェアは2010年での12.9%に対し、2015年は16.7%まで上昇した。2020年には21%との予測もある[10]。EU諸国での電力のシェア[11]は、石炭24.2%、原子力26.5%、天然ガス17.1%、重油とその他で3.2%であり、残りの28.9%が再生可能エネルギー由来の電力となる。再生可能エネルギーの内（100%とする）、36.5%が水力、32.3%が風力、19.0%がバイオマス、10.9%が太陽光、地熱発電と

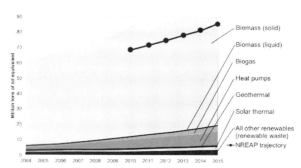

図 1.4-1　EU の電力部門の再生可能エネルギーの内訳[11]
(NREAP trajectory : National Renewable Energy Action Plan の計画値)

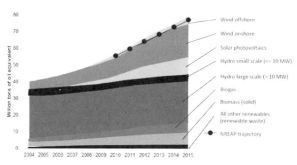

図 1.4-1　EU の熱部門の再生可能エネルギーの内訳[11]

第1章　なぜ循環とエネルギーか？　　23

太陽熱発電は合わせて1.7%である。**図1.4-1**に各シェアの詳細の経時変化を示した。**図1.4-2**に示すようにEU諸国の熱利用の大部分はバイオマスであることを考慮すると、EU諸国においても再生可能エネルギーの多くはバイオマスが占めていることとなる。

　EUでは、参考文献[10]にあるように2030年の目標を掲げており、温室効果ガス排出量削減は1990年比で40%削減、再生可能エネルギーのシェアは少なくとも27%にまで向上しようとしている。

## 1.5　国内の地域循環の現状と課題

　大量生産・大量消費・大量廃棄の社会を改め、資源と廃棄物の有効利用を促進するために、2000年6月に「循環型社会形成推進基本法」が公布され、それ以来「循環型社会形成推進基本計画（以下、循環基本計画）」が策定（計画策定後5年を目途に見直される）され、循環型社会の形成に向け、総合的・計画的に進められてきた。循環型社会とは、廃棄物等の発生抑制と循環資源の循環的な利用および適正な処分が確保されることによって、天然資源の消費を抑制し、環境への負荷ができる限り低減される社会のことを指す[12]。したがって、廃棄物等のうち有用なものを「循環資源」として位置づけ、その循環利用を促進しながら新たな価値を作り出すことができ、最終処分場の延命化も達成できる。循環利用のためには、様々な社会ニーズに応じた無機系・有機系廃棄物等のリサイクル・適正処理施設など社会基盤の整備を含む仕組み作りが必要であり、将来的には循環利用を通じた地域振興につながる。

　物質輸送時の環境負荷とコストを低減させるため、バージン資源と製品、循環資源と再生製品を地域特性に応じて「地産地消」する必要性が提唱されている。このような背景をもとに、地域の特性や循環資源の性質等に応じた最適な規模の循環を形成する「地域循環圏」の構築が必要であることが、2008年3月に閣議決定された「第二次循環基本計画」で位置づけられている。地域循環については、「第四次環境基本計画（2012

年4月閣議決定)」や「生物多様性国家戦略2012-2020（2012年9月閣議決定)」との取り組み（自然の恵みである生態系サービスの需給でつながる地域や人々を一体としてとらえ、その中で連携や交流を深めていき相互に支えあっていくという考え方である「自然共生圏」の考え方が提示されている）と合わせ、循環型社会づくりと低炭素社会づくり、自然共生社会づくりの取組を統合的に推進していくことの必要性が盛り込まれるとともに、実践の場としての期待から地域循環圏を高度化して、進めていくことの必要性が盛り込まれている。

　持続可能な社会の構築をさらに進めていくため、国内の少子高齢化や人口減少などの国内情勢だけでなく、SDGsやパリ協定など国外情勢を踏まえ、2018年4月に「第五次環境基本計画」が閣議決定されている。特にSDGsでは経済・社会・環境の諸課題を統合的に解決することの重要性が示されており、第五次環境基本計画でもその施策を分野横断的に展開していくために、下記の6つの重点戦略が設定されている。

① 持続可能な生産と消費を実現するグリーンな経済システムの構築
② 国土のストックとしての価値の向上
③ 地域資源を活用した持続可能な地域づくり
④ 健康で心豊かな暮らしの実現
⑤ 持続可能性を支える技術の開発・普及
⑥ 国際貢献による我が国のリーダーシップの発揮と戦略的パートナーシップの構築

　地域循環の施策については、地域循環圏や自然共生圏の考え方を発展（包含）する形として、「地域循環共生圏」の考え方が提示されている。なお、地域循環共生圏とは、各地域がその特性を活かした強みを発揮し、地域ごとに異なる資源が循環する自立・分散型の社会を形成しつつ、それぞれの地域の特性に応じて近隣地域等と共生・対流し、より広域的なネットワーク（自然的なつながり（森・里・川・海の連関）や経済的つながり（人、資金等））を構築していくことで、新たなバリューチェー

ンを生み出し、地域資源を補完し支え合いながら農山漁村も都市も活かす循環圏を創造していくという考え方である。

　また、「第四次循環基本計画」は、2018年5月に公表され、本書執筆時点ではパブリックコメント中であるが、多種多様な地域循環共生圏形成により地域活性化が強く唱われているところである。環境省による補助金を受けて「地域循環共生圏構築検討業務」によりモデル実証事業が行われている所である。

## 1.6　国内のバイオマスエネルギーの現状と課題

　主要国の発電電力量に占める電源構成の割合を**図1.6-1**に示す。日本の再生可能エネルギーとしての電力の導入割合は、6.9%と主要国に比べると依然として低く、更なる導入拡大が求められている。また、**図1.6-2**に示すように日本のエネルギー事情を概観してみると、もともと石油や天然ガスなど資源が乏しい国であるため、日本の一次エネルギー自給率[9]は

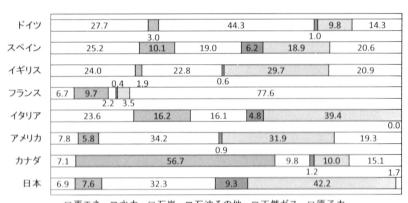

※日本以外は IEA Energy Balance of OECD Countries (2017 edition) のデータを基に2015年値。日本は総合エネルギー統計2016年度確報値のデータを基に2016年の値で作成。
※端末処理のため、割合の合計が100%にならない場合がある。

図1.6-1　主要国の発電電力量に占める電源構成の割合

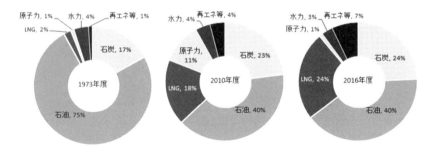

図1.6-2　日本の一次エネルギー国内供給構成の推移

2015年時点で7.4%（2016年時点では8.3%へ向上）と他のOECD諸国と比較してもかなり低い水準となっている。日本は従前より特に海外から輸入される石油・石炭・天然ガス（LNG）等の化石燃料に大きく依存しており、原油価格を始めとした国際情勢に大きく左右される状況となっている。

　このような状況を踏まえ、日本のエネルギー政策の基本方針は、安全性（Safety）を大前提として、自給率（Energy Security）の向上（震災前の約20%を上回る概ね25%程度を目標）と経済効率性（Economic Efficiency）の向上（2013年度9.7兆円を2030年度までに9.5兆円を目標）、環境適合（Environment、欧米に遜色のない温室効果ガス排出削減目標である2030年度に2013年度比マイナス26%）を同時に達成するべく、3E+Sの取組が進められている。なお、この3E+Sを達成するべく対策を講じたときに実現される2030年度の目標としては、徹底した省エネを実現することで電力需要を2013年度実績で9,666億kWhから年間1.7%の経

---

9　エネルギー自給率とは、生活や経済活動に必要な一次エネルギーのうち、自国内で確保できる比率のことであり、総合エネルギー統計を基に算出された数値である。IEA「Energy Balance of OECD Countries 2017」を基に算出された主要国の一次エネルギー自給率（2015年）はノルウェーが702.6%、オーストラリアが304.3%、カナダが174.4%、アメリカが92.2%、イギリスが65.8%、フランスが55.9%、ドイツが38.8%、スペインが28.3%、韓国が18.9%、ルクセンブルグが4.0%である。

済成長を考慮したうえで2030年度に9,808億kWh（1,961億kWh程度の省エネに相当する対策前比17%減）となっている。また、2030年度の電源構成は再生可能エネルギー（水力8.8 ～ 9.2%程度、太陽光7.0%程度、風力1.7%程度、バイオマス3.7 ～ 4.6%程度、地熱1.0 ～ 1.1%程度）、原子力20 ～ 22%程度、LNG 27%程度、石炭26%程度、石油3%程度となっている。

　再生可能エネルギーの特徴を**表1.6-1**に示す。再生可能エネルギーの中で、バイオマスは唯一の有機資源である。バイオマスの利活用は、特

表 1.6-1　再生可能エネルギーの特徴

| 種類 | 特徴 |
|---|---|
| 太陽光<br>太陽熱 | ・太陽光照射時しか利用できず（夜間は利用できない）、雨天・曇の際には利用効率は低下する。 |
| 風力 | ・風速、風向等の自然条件によって、立地場所が制限される。また、風況の変化で発電効率が不安定になる。<br>・風が吹いていれば、常時エネルギー源として利用が可能である。 |
| 水力 | ・安定的な発電が可能である。<br>・今後開発が可能な適地は山間奥地や小規模設備など立地の制約は大きい。 |
| 地熱 | ・安定的な発電が可能である。<br>・利用可能な地域は自然公園や温泉地域であり、立地の制約は大きい。 |
| 大気中の熱や自然界に存在する熱 | ・地中熱は浅い地盤に存在する低温の熱エネルギーのことであり、昼夜を間わず安定した利用が可能である。 |
| バイオマス | ・「カーボンニュートラル[10]」なエネルギー源である。<br>・今まで使用していなかった資源や廃棄していた資源を利用する場合が多く、バイオマス資源を確保することができれば、安定的な利用が可能である。しかしながら、バイオマス資源は広い地域に少量ずつ分布していることが多く、収集・運搬・管理にコストを要する。<br>・資源作物を利用する場合、食料との競合が発生する。 |

---

10　バイオマスを構成している炭素は、生物が太陽エネルギーを利用しながら光合成によって大気中の二酸化炭素を固定したものであり、バイオマスを燃焼させて二酸化炭素を大気中に放出しても、元々現在の大気中に存在した二酸化炭素が元に戻るため、二酸化炭素濃度を上昇させないため、人為的な二酸化炭素排出量としては計上されないという考え方。

に地域特性に影響されるため、バイオマス利活用システムの構築にあたっては、インプットの確保と収集、変換装置の設計、発電・熱利用、残渣の再生利用などのアウトプット、さらに事業主体（事業採算性）を、地域特性に応じて総合的に考慮することが重要である。すなわち、地域のニーズに応じたバイオマスの地域での循環システムを事業として実施するためのシステム化が重要である。（詳細は2章で述べる）

## 1.7　国内外の取り組み

### 1.7.1　国内の取り組み

　国内のバイオマス利活用の取組は近年増えており、すべてを掲載することはできないが、廃棄物管理の視点からバイオマスをうまく活用している例をいくつか紹介する。

### （1）北海道富良野市

　北海道のほぼ中央に位置し、人口約22,000人、面積は600.71km²の小規模都市である。「燃やさない・埋めない」を基本理念に掲げ、また、住民と「分ければ資源・混ぜればごみ」を合言葉に2001年10月より14種類のごみ分別を実施した全国でも先進的な自治体である。近年ではその取り組みをさらに推進させ、生ごみの堆肥化と固形燃料ごみのRDF製造、容器包装のリサイクル、有価物の回収を行うことにより、2014年度においてリサイクル率91.0%を達成している。生ごみは周辺自治体を含めた5市町村で構成される富良野広域連合の環境衛生センター（生ごみ22t/日、し尿等60kL/年）で高速堆肥化により処理されており、製造された堆肥は農地や家庭菜園、ガーデニング等で利用されている。固形燃料ごみは固形燃料化施設でRDFを製造し、道内の製紙工場や熱供給会社で利用されている。なお、現在はエネルギーの安定供給と地球温暖化防止に向けた低炭素なまちづくりの観点から、市内の養護老人ホーム等の公共施設や農業用ハウスへの導入拡大に向けた検討が行われている。

第1章　なぜ循環とエネルギーか？　　29

また、超高齢化社会を迎え近年急激に増加している衛生用品（使用済み紙おむつ、生理用品、ペットシートおよび砂等）についても資源化に向けた取り組みが検討されている。

### （2）茨城県土浦市

　茨城県南部に位置し、2017年10月1日時点で推計人口は約139,653人、面積は122.89km$^2$の中規模都市である。2015年4月に土浦市全域で生ごみと容器包装プラスチックの分別収集が導入されている。分別された生ごみは土浦市内の民間施設であるバイオガス化処理施設（135.9t/日）へ搬入されている。この施設は、土浦市の家庭から排出される生ごみ以外に、土浦市内外の事業系の生ごみや食品系廃棄物も搬入されており、発生したバイオガスは隣接する産業廃棄物の焼却処理施設でエネルギー源として使用され、現在は発電および売電は行われていない。バイオガス化後の残渣は、脱水・乾燥後、堆肥化が行われ、現在生産された堆肥は市民等へ無料配布されている。分別収集導入前後（平成26年度と平成27年度の比較）では、約7%のごみ減量効果と約24.6%の可燃ごみ減量化の効果が表れている。

### （3）愛知県豊橋市

　愛知県東部に位置し、人口は約377,331人、面積は261.86km$^2$の中規模都市である。PFI事業（2014年12月11日から2037年9月30日）として、生ごみ（約59t/日）と下水汚泥、し尿・浄化槽汚泥（約472m$^3$/日）を集約し、メタン発酵槽を新規建設し再生可能エネルギーであるバイオガスを取り出す事業であり、複合バイオマス施設としては国内最大級の規模となっている。バイオガスはガス発電のエネルギーとして全量利活用され、一般家庭約1,890世帯分の電気をまかなう予定となっている。発酵後に残った汚泥は炭化燃料として民間企業で石炭燃料の代替として利用される。20年の事業期間において総額約120億円の財政負担軽減と、年

間約1万4千tの$CO_2$排出量の削減が見込まれている。

### （4）兵庫県南但広域行政事務組合

　高温乾式メタン発酵によるバイオガス化設備と焼却による熱回収設備のコンバインドシステムとして、自治体施設の中で環境省循環型社会形成推進交付金（高効率原燃料回収施設：交付率1/2）を受けて最初に竣工した施設である。施設建設までの経緯としては、構成自治体である養父市と朝来市はそれぞれ別々に行っていたごみ処理施設が老朽化したことに加え、「兵庫県ごみ処理広域化計画」に基づき、2市で構成される南但広域行政事務組合として新たに施設整備を行っている。焼却施設にバイオガス化設備を付与することにより、従来では発電が困難であった小規模なごみ処理施設においても高効率な発電が可能となったこともあり、FITを利用した施設として注目を集めている。また、生ごみ等の発酵適合物を前処理段階で機械選別により分別を行うことから分別収集を行う必要はなく、住民へも比較的受け入れやすい仕組みとなっている。

### 1.7.2　国外の取り組み

### （1）ドイツ　ユンデ村のバイオマスビレッジ

　世界で初めて、バイオマスから得られるエネルギーのみで自地域の熱と電気エネルギーを賄うことができた村である。人口750人、210世帯の内、145世帯が契約している。農家は10軒、農地面積1,300haでありその内300haが資源作物用に利用されている。飼養牛数は400頭である。2001年に、ゲッチンゲン大学からの提案によりプロジェクト計画が始まり、2005年にプラント建設が開始され、2005年9月から木質場チップボイラーが、2006年冬にはバイオガスプラントが稼働した（**図1.7-1**）。

　**図1.7-2**に示すように、牛ふん（30m³/day）とコーン（根、茎、実すべてを破砕したもの、35t/day）をバイオガスプラントに投入し、700kWの発電機（Combined heat and power、CHP）で、年間5百万kWh

第1章　なぜ循環とエネルギーか？　　31

図 1.7-1　ユンデ村のバイオガスプラント

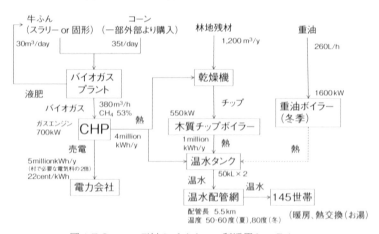

図 1.7-2　ユンデ村のバイオマス利活用システム

の電気を発電し、売電している。この量は、ユンデ村で必要な電気量の2倍の量に相当する。発電機から同時に得られた熱は、林地残材（1,200 m³/y）の乾燥にも利用され、550kWの木質チップボイラーからの熱とあわせて、温水タンクに貯留される。温水配管網を通じて145世帯の暖房と熱交換によるお湯（シャワー等）として使われている。それから冬期間、熱量が足りなく恐れがあることから、重油ボイラーを配備してい

(2) ドイツ　ALBA社の乾式バイオガスプラント

ドイツでは、Biowasteというごみ分別区分があり、未調理の生ごみと庭ごみが該当する。ドイツでは、Biowasteは最終的に堆肥化されることが多いので、塩分や油分の多い調理済みの生ごみや食べ残しは、その他ごみ（Residual waste）として排出される。

1997年に供用開始した民間のALBA社は、ある自治体のBiowasteを夏季は120 t/day、冬期は40 t/dayを受け入れ、乾式メタン発酵している。

**図1.7-3**に示すように、受け入れられたBiowasteは、破砕、磁選、手選別等により異物除去され貯留後、含水率を約80%に調整後、乾式の高温発酵槽に投入される。2〜3週間の滞留時間で、1日に3,000〜4,000 Nm³のバイオガスが回収され、エネルギー利用されている。発酵残渣は

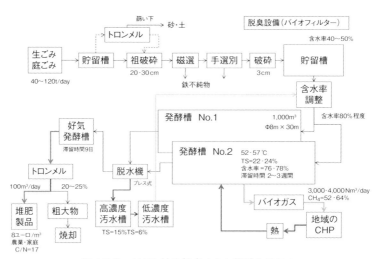

図1.7-3　ALBA社の乾式メタン発酵システム

脱水後、好気発酵を経て、トロンメルでさらに粗大物が除去され堆肥として販売されている。粗大物は、かつては埋立処分であったが、現在は焼却によりエネルギー回収される。脱水過程で生じた汚水は、含水率調整のために施設内で再利用されている。

(3) ドイツ　Aha社のMBTシステム

Biowasteや容器包装のプラスチックと紙類が分別回収されるドイツでは、それ以外のごみ及び未分別の資源は、その他ごみ（Residual waste）に分類され排出される。大都市では、その他ごみは焼却・エネルギー回収される場合が多いが、中小都市や環境意識が高い地域では、機械的・微生物処理（Mechanical and Biological Treatment、MBT）されることもある。

ハノーバー圏の廃棄物管理を担うAha社（ハノーバー市と周辺都市による共同出資会社）は、このその他ごみをMBTにより処理を行っている。

図1.7-4に示すように、受け入れられたその他ごみは、破袋・磁選機

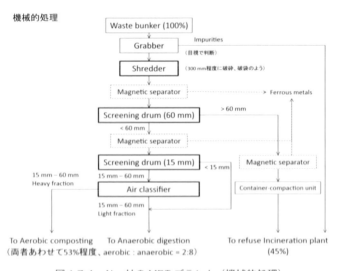

図1.7-4　Aha社のMBTプラント（機械的処理）

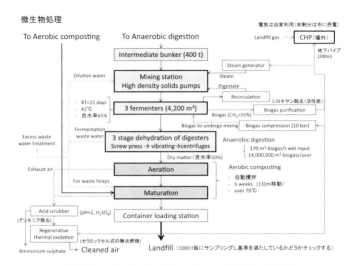

図 1.7-5　Aha 社の MBT プラント（微生物学処理）

を経て、60mmの篩でふるい分けされる。60mm以上は、焼却されエネルギー回収される。60mm以下のものは、さらに15mmの篩でふるい分けされる。15mm以上のものは、風力選別が導入され、重量物は堆肥化プロセスへ投入され、軽量物と15mm以下のものは、嫌気発酵プロセスへ投入される。次に、**図1.7-5**に示すように、嫌気発酵プロセスでは、42℃、含水率65%の乾式メタン発酵が採用され、バイオガスは近隣の最終処分場からの埋立ガスとあわせて発電利用されている。発酵残渣は、3段階の脱水プロセスを経て、好気発酵（70℃、6週間）される。風力選別による重量物とあわせて養生される。埋立物は、1,000 t毎にサンプルが採取され、埋立基準判定後、最終処分される。

　ドイツでのMBTは、当初は埋立処分の前処理として導入されてきたが、近年、機械的処理過程で得られる高発熱量物（プラスチック、紙が主成分）の燃料化、及びメタン発酵プロセスから得られるエネルギーなど、資源化の面が強調されるようになってきた。

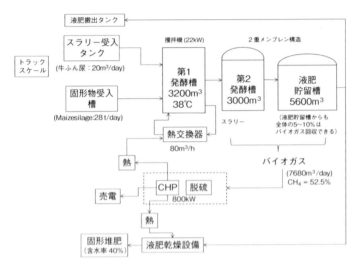

図 1.7-6　Farmatic 社のバイオガスプラント

(4) ドイツ　Farmatic社のバイオガスプラント

　ドイツの代表的なバイオガスプラントメーカーであるFarmatic社の事例を紹介する。2011年稼働、5軒の酪農家から牛ふん20 m³/day及び11軒の農家からコーン 28 t/dayを受入し、800 kWの発電機で発電している。

　**図1.7-6**に示すように、投入物は2つの発酵槽を経て、液肥貯留槽に運ばれる。2つの発酵槽と屋根のかかった液肥貯留層は、発酵の安定性確保とバイオガス回収を考慮したドイツの典型的な構造パターンである。このFarmatic社の特徴は、発酵槽の加温にある。第一発酵槽から引き抜かれた汚泥を、バイオガス発電で発生した熱を利用して加温し、再度第一発酵槽に戻す。すなわち発酵層は加温されていないのである。また熱を利用して、発酵残渣を乾燥させ、固形堆肥として利用している点が特徴である。

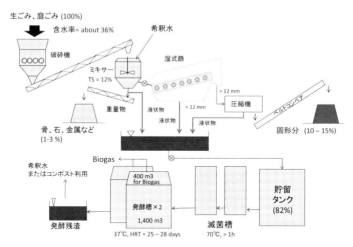

図 1.7-7　Farmatic 社のバイオガスプラント

(5) オーストリア　Komptech社のバイオガスプラント

　オーストリアKomptech社のバイオガスプラントを紹介する。年間1,800tのBiowaste（ドイツと定義は同じ）とスーパーマーケットからの生ごみを、中温発酵、湿式プロセスでメタン発酵し、360kwの発電機で発電を行っている。

　**図1.7-7**に示すように、原料が投入されると、本施設の最大の特徴である希釈と湿式の篩処理が施される。固形物濃度12%程度にまで希釈され、湿式篩（12mm）により、液状物と固形物に分けられる。固形物は好気処理を得て、堆肥として取引されている。液状物は、滅菌後メタン発酵されるのが特徴である。発酵残渣は、再度希釈水として利用するか、肥料として利用される。

(6) スウェーデンのバイオメタンの取り組み

　ドイツやオーストリアでは、バイオガスは発電利用されることが多いが、スウェーデンでは、熱利用と車両利用が多い。メタン約60%、二酸

化炭素約40％からなるバイオガス中の二酸化炭素を除去し、相対的に90
〜 95％にまで濃縮したものを、バイオメタンと呼ぶ。このバイオメタン
を、地域熱供給で利用する天然ガス代替として利用する。他方、バイオ
メタンを燃料として利用できるバスや自動車が、普及しつつある。ディー
ゼルオイルとバイオメタンの両方の燃料を利用できるDual systemが採
用されたバスや自動車の利用が増えている。

　スウェーデンでは、すべての下水処理場に消化槽が設置されバイオガ
スが回収されているため、スウェーデンバイオマス協会提供の資料（2002
年）では、バイオガス生産の内訳は、44％が下水処理場、25％が混合メ
タン発酵、8％が工場等、22％が最終処分場となっている。微生物分解
性有機物の埋立を減らす方策をとっているので、今後は最終処分場由来
のバイオガスは徐々に減っていき、その代わりに混合メタン発酵が伸び
てくると予想されている。そして、バイオガスの利用内訳は、熱利用が
44％、車両利用が44％であり、発電は4％に過ぎない。スウェーデンでは、
炭素税が導入されており、化石燃料に税金がかけられており、バイオメ
タンが相対的に安く利用できるインセンティブがある。

## 第1章の参考文献

1) 国立社会保障・人口問題研究所：日本の将来推計人口（平成29年推計），2017，2018.6.10
　　閲覧
　　http://www.ipss.go.jp/pp-zenkoku/j/zenkoku2017/pp29_gaiyou.pdf

2) エネルギー供給事業者による非化石エネルギー源の利用及び化石エネルギー原料の
　　有効な利用の促進に関する法律，2010

3) 経済産業省資源エネルギー庁：再生可能エネルギー発電設備について導入状況等（平
　　成29年9月末時点），2018.3，2018.6.10閲覧
　　https://www.fit-portal.go.jp/PublicInfoSummary

4）バイオマス・ニッポン総合戦略, 2002.12

5）環境省：21世紀環境立国戦略, 2007, 2018.6.10閲覧
https://www.env.go.jp/guide/info/21c_ens/index.html

6）古市徹：北海道における循環型社会構築の取り組み, 環境新聞, 2008

7）REN21: Renewables 2018 Global Status, 2008, 2018.6.10閲覧
http://www.ren21.net/gsr-2018/

8）International Energy Agency: Renewable information: overview, 2017

9）Federal Ministry for Economic Affairs and energy, Germany: Renewable Energy
Sources in Figures, National and International Development, 2016

10）European Commission: A policy framework for climate and energy in the period
from 2020 to 2030, 2014

11）European Commission: Renewable Energy Progress Report, 2017

12）循環型社会形成推進基本法, 2000

# 第2章 循環・エネルギーシステム構築の課題とアプローチ

## 2.1 循環・エネルギーシステム構築の考え方

　地域内のバイオマスを利活用することによって、循環・エネルギーシステムを構築し事業を組み立てるにあたって、考慮すべきシステムの要素を**図2.1-1**に示す。これは問題解決の思考過程において、様々な多くの要素を、要素間の関係性や順次性を総合的に捉えやすくするために図示したものである。

　バイオマス利活用による循環・エネルギーを構築するためには、⓪循環・エネルギーシステム構築の目的を明確にし、その目的達成のために、①インプット（バイオマス）、②アウトプット（受入先）、③変換技術、④事業主体を、⑤地域特性に応じてうまく組み合わせて考え、最終的に目的に合致した事業として採算がとれるようにする必要がある。下記に、各システム要素の詳細を記す。

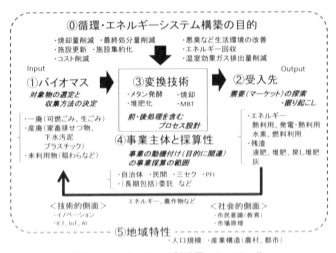

図2.1-1　バイオマス利活用のシステム化

⓪循環・エネルギーシステム構築の目的

　バイオマス利活用は、地域で困った課題を解決することを契機に検討されることが多い。例えば、地域の様々な課題（動機付け）の一例として下記のようなものがあり得る。

・事業系も含めた一般廃棄物の焼却量が増えつつあり焼却量を削減したい。

・2炉運転しているが、もう少しごみ減量できると常時1炉運転ができコスト削減ができる。

・最終処分容量が逼迫し、最終処分量を削減したい。

・焼却施設更新時期なので、よりコスト削減可能なシステムを検討したい。

・堆肥化施設、し尿処理センター等の施設を集約化して効率化を図りたい。

・下水汚泥消化槽の余裕分を利用してエネルギー回収量を増やしたい。

・焼却施設規模が小さくエネルギー回収できなかったので、次の施設整備の時にはエネルギー回収したい。

・地域の温室効果ガス排出抑制に貢献したい。

・牛ふんの悪臭など生活環境の改善を図りたい。

① 　インプット（バイオマス）

　対象とするバイオマスの種類を選定し、収集可能量や収集物の質を考慮しながら、収集方法の決定を行うことが重要となる。特にインプットの量と質が、廃棄物処理料金とプラントのスケールメリット、エネルギー回収量に直結するので慎重に検討する必要がある。また調査段階では、賦存量調査の量をそのまま使用するのではなく、実際に収集可能な正味のバイオマスの種類と量、質の議論が重要である。当初の見積もりよりもバイオマスの収集量が少なく、期待される事業収入が得られず事業の

方向性を変更せざるを得なかった事例が多い。

　また、一般廃棄物と産業廃棄物の区分、未利用物の取扱など、現行法では制約が多いので、関係機関との事前調整も必要となる。

## ② アウトプット（受入先）

　循環・エネルギーシステム構築の成否は、アウトプットの需要（マーケット）の探索や新規掘り起こしに尽きる。需要に応じたエネルギーあるいは堆肥や液肥を供給することが望まれる。夏冬のエネルギー需要の変動などによってエネルギーを貯蔵しなくてはいけない場合は、バイオガスを水素に変換したり、木質や稲わらをペレット化して貯蔵することも考える必要がある。また現在は、送電網に余裕があればFITを利用し事業採算性を向上させることができるが、いずれFITは終了する。あるいは送電網が脆弱な地域では、FITは利用できない。すなわち、エネルギーと残渣の利用を総合的に考えて採算が合うようにシステムを構築する必要がある。

## ③ 変換技術

　インプットとアウトプットに応じた技術の選択や前・後処理を含むプロセスの設計が必要であり、加えて供用時には施設の運転・維持管理が必要である。

　メタン発酵では湿式と乾式、低温・高温発酵の選択があり、インプットとアウトプットによっては、前処理・後処理が必要となる。さらにメタン発酵と焼却を組み合わせたコンバインドシステムもある。既存の下水処理施設の消化槽をメタン発酵槽として使う場合もある。MBTは、機械的・生物的処理（Mechanical Biological Treatment）と呼ばれており、資源回収の向上や埋立物前処理を目的として、破砕・選別を行う機械的処理と好気・嫌気的微生物処理プロセスが組み合わされる。

④ 事業主体と採算性

　バイオマスの利活用システムを構築するうえで、事業主体は極めて重要である。一般廃棄物を対象とする場合は、その処理責任を有する市町村が第一の事業主体となり、事業採算性が多少悪くても公共サービスを提供することを目的にシステムが構築される。廃棄物の排出者が自ら、あるいは廃棄物処理事業者など、民間主導で事業を展開する場合は、事業採算性が重要となる。他の事業形態としては、公共関与の第3セクター方式、PFI（Private Finance Initiative）事業、運転・維持管理の長期包括委託や、自治体からの民間企業への委託処理により、市町村で排出される一般廃棄物を利活用することも考えられる。

　事業主体は先に説明した⓪目的設定と密接した関係にあり、関係者でよく議論して、事業の目的や事業主体を決定することが重要である。同時に事業採算の範囲も検討することが重要となる。例えば、バイオマス利活用の事業は採算性が悪くても、他の事業に好影響を与える場合もある。CSR（企業の社会的責任）や広報まで考慮するなど、事業採算性の範囲が広くとれる場合には、全体としてプラスとなる場合もある。

⑤ 地域特性

　インプット、アウトプット、変換技術、事業主体それぞれに地域特性を考慮しなければならない。また、その地域の人口規模や産業構造が重要となる。さらに小規模の自治体であれば、隣接地域との連携、地元の民間企業との連携が必須となる。

　上記⓪〜⑤の他に、ごみの分別やバイオマス利活用に関する理解、環境に対する意識、市民を啓発するための教育が重要となる。そして、市場原理に基づいて、これら事業が展開されることを忘れてはいけない。そして今後は、革新的技術やICT（Information and Communication Technology：情報通信技術）、IoT（Internet of Things：モノのインター

ネット）、AI（Artificia Intelligence：人工知能）などの導入も検討し、全体効率化を図っていく必要がある。

## 2.2　循環・エネルギーのあるべき姿と課題

　先に示した**図2.1-1**には、本書で取り上げるインプット（バイオマス）アウトプット（受入先）、変換技術、事業主体、地域特性について記載されている。これらを参考に、本書で目指す循環・エネルギーのあるべき姿と課題について述べる。

1) 含水率の高い生ごみの焼却処理を改めて、バイオマス利用する。

　3Rの推進により、容器包装プラスチック類、古紙、ざつ紙が分別収集されにしたがって、可燃ごみ中の生ごみの割合が増えてくる。生ごみの含水率は80%以上あるので、可燃ごみの発熱量が小さくなることが問題である。さらに、24時間の連続燃焼できないタイプの焼却炉は、運転開始時に、重油などの燃料を利用する必要がある。今後、ますます人口減少が進む中、生ごみの処理や可燃物の焼却処理のあり方を、都市規模や産業形態に応じて考え直す時期を迎えており、新しいシステムについて、経済面や環境面からフィージビリティを検討する必要がある。

2) 生ごみ、下水処理、し尿・浄化槽汚泥の処理施設の単独更新・運転を改めて集約化する（地域の家畜ふん尿も含めて）。

　焼却炉が無いため、生ごみを堆肥化等のリサイクルしている自治体、下水汚泥の消化槽がありキャパシティに余裕がある自治体、し尿処理センターの更新時期を迎えているが新たな施設整備が難しい自治体がある。地域に存在するこのような廃棄物は、含水率が高いので、焼却処理よりも、メタン発酵の方が適用性が高いと考えられる。また、これらの施設を単独で使い続けるよりは、長期的に1つの施設に集約した方が望ましい場合がある。さらに、既存の牛ふんバイオガス化施設との供用も検討できるだろう。これらを、経済面や環境面からフィージビリティを

検討する必要がある。

3）規模が小さいと事業採算性が悪いので、隣接自治体と連携するか、あるいは、地域の一廃、産廃、未利用物を同時に処理することも考えられる。

現行法では制約が多いが、地域に存在する廃棄物や未利用物を、集約して処理することによりスケールメリットを得て、同時にエネルギー回収量の増大、温室効果ガス排出量の削減、最終処分量の削減につながる事業を展開できる可能性がある。以上のフィージビリティを検討することは、意味があろう。

4）　FIT終了後においても、メタン発酵を中心とした事業が継続できるように、エネルギー利用と残渣の利用方法を工夫する必要がある。

バイオガスは、ガスエンジンにて燃焼され、発電された電気を売電し、同時に得られる廃熱を利用するのが一般的であるが、これはFITにより高値で電気が売れるから成り立つシステムである（エネルギーが潤滑油となり循環を維持している）。今後FIT終了後、あるいは送電網が脆弱な地域は、バイオガスの利用方法を検討する必要がある。地域電力会社による電気事業、廃熱を利用した施設園芸や養殖、水素利用など、付加価値のある多様な事業を今から検討せねばならない。さらに、本州ではメタン発酵残渣を液肥として散布することが難しく、北海道ですらも、飼養頭数の増加により、液肥利用に制限が生じかねない。その場合を想定して、液肥を付加価値の高い事業に使うことも検討しなくてはいけない。

5）　長期的な展望に立った地域づくりから、循環・エネルギーシステムを考える必要がある。

これまでは、発生し処理しなくてはいけない廃棄物、地域に存在する

バイオマス、これらを利活用することを前提にシステムの構築を考えてきた。いわば、地域に存在する問題を解決することを目的に、システム構築を考えてきた。

　長期的な展望にたったあるべき姿を検討する上で、逆発想も必要であろう。すなわち、どの程度のバイオマスが入手できれば、一定規模の事業を行うことができ、その周辺にはどの程度の人口の町ができるのかといった視点での検討である。勿論、バイオマスエネルギーだけで生活する地域を創ることは、難しいであろう。しかし、このような検討を行うことによって、我々が目指す循環・エネルギーシステムの本質的な部分を考えるきっかけとなるに違いない。また、このような考え方を持ちながら、地域の問題解決に取り組むことは意義があることと考える。

## 2.3　課題解決のアプローチ

　本書では、上記1）〜5）であげた課題を解決するために3つのワーキンググループ（以下、WG）を立ち上げ、検討を行った。

WG1　廃棄物系バイオマスによるバイオガス事業のフィージビリティ
　　　スタディ（3章）

WG2　最終処分システムを組み込んだ広域連合型事業の提案（4章）

WG3　未来社会を導くバイオマス利用技術（5章）

各WGと上記の課題の関連性を**表2.3-1**にまとめる。

表 2.3-1　各 WG と課題の関連性

| WG | 課題 1) | 課題 2) | 課題 3) | 課題 4) | 課題 5) |
|------|------|------|------|------|------|
| WG1 | ○ | ○ | | | |
| WG2 | | ○ | ○ | | |
| WG3 | | | ○ | ○ | ○ |

次に本書での検討では、**図2.3-1**に示すように、時間、空間、対象バイオマスの3つの軸で各WGのアプローチを位置づける。3次元空間で各WGの検討を位置づけ、理解するのは困難であるので、**図2.3-2**に空間－対象バイオマスの平面を、**図2.3-3**に時間－空間の平面を示す。

これらの準備をもって、これ以降各WGの検討のアプローチを説明する。読者の皆さんにおかれては、興味のある章から読まれることをお勧めする。

## 2.4　各WGのアプローチ

1）WG1　廃棄物系バイオマスによるバイオガス事業のフィージビリティスタディ（3章）

市町村を対象に、地域へのバイオガス事業の導入要件を検討する。主に、一般廃棄物中の生ごみを対象（一部、産業廃棄物の牛ふんを対象）に、対象地域へのヒアリングを踏まえ、10年程度以内の将来に直面する問題を設定し、バイオガス事業を導入した場合のフィージビリティスタディを行う。

最初に、実際にバイオガス事業を導入している事例を網羅的に調査し、都市規模や産業構造などの地域特性ごとにバイオガス事業導入の成功要因を抽出しまとめた。これらの成功要因に基づき、4つの規模と産業構造が異なる地域を対象に、ケーススタディを行う。事業の評価の範囲と採算性の関係性についての考察も通じて、バイオガス事業の導入要件と課題についてまとめられている。

2）WG2　最終処分システムを組み込んだ広域連合型事業の提案（4章）

地域で最終処分されている有機物をできる限り利活用し、最終処分量を削減し、温室効果ガス排出量を削減する目的で、複数自治体を対象にかつ地域に存在する多種多様な廃棄物及び未利用物を用いた多業種の連合による事業の提案を行う。

第2章　循環・エネルギーシステム構築の課題とアプローチ　　　47

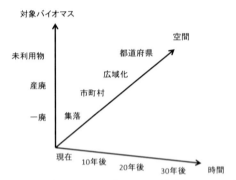

図 2.3-1　各 WG のアプローチを説明する 3 つの軸

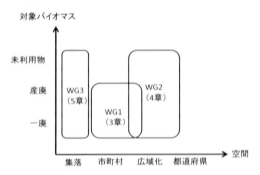

図 2.3-2　空間－対象バイオマス平面での各 WG の位置づけ

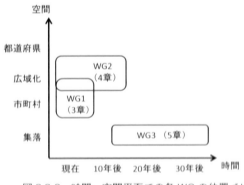

図 2.3-3　時間－空間平面での各 WG の位置づけ

この広域連合型事業は、古市が提唱する北海道バイオコミュニティ開拓構想（Advanced Bio-Community Dream in Hokkaido、以下、北海道だけではなく日本全体で適用可能な概念という意味で「ABC構想」[1]と記述する）に沿ったものである。ABC構想のコンセプトは、バイオマス（主に、廃棄物系と未利用）の利活用を実践するために、バイオリサイクル技術の研究開発、実機運転から、バイオリサイクル事業の企業、施設の建設・維持管理の展開まで、技術とシステムが蓄積した総合情報発信基地を作ることにある。

　このコンセプトを具現化するために、3つの広域地域を対象に、地域にある一廃、産廃、未利用物を対象に、最終処分量を削減しエネルギー回収量を増加させるためにMBTを導入した際の、事業採算性、温室効果ガス削減量の検討を行う。そして、広域連合化の課題や事業形態について考察を深めていく。

## 3）WG3　未来社会を導くバイオマス利用技術（5章）

　10年後以降の未来社会を想定した地域づくりの視点から考える。人口減少・高齢化社会を迎え、特に酪農を中心とした農業地域においては様々な課題を抱えることになる。将来の制度変革も含め、集落からみたバイオマス利用のあり方を検討し、事業採算性のある施設規模とした場合、どのような規模のまちを形成することができるか検討した。その成果は日本版バイオマスビレッジとして提案する。さらに、人口減少や生ごみの分別処理が進むと焼却量が少なくなり、焼却炉の効率的な運転が難しくなるだろうとの問題意識から、産業廃棄物である農業プラスチックとの混焼の検討を行った。

　一方で、未来社会においては、FIT制度もなくなりバイオガスプラントを経済的に維持していくのが困難になるとの問題意識から、未来社会のイノベーション技術として、新たな液肥利用の検討やバイオマス由来の水素サプライチェーンの検討を行った。さらに、木質系バイオマスが

競合により地域での入手が困難になった場合は、燃料として条件の悪い農業残渣でも使用しなければいけない時代が来る。そのような場合を想定した、稲わらの燃料利用技術の開発を行った。

**第２章の参考文献**
1）　古市 徹：バイオマス総合基地構想を発進，環境新聞，2008.6.18

50

# 第3章 廃棄物系バイオマスによるバイオガス事業のフィージビリティスタディ

## 3.1 廃棄物系バイオマスによるバイオガス事業の背景

### 3.1.1 廃棄物系バイオマスと廃棄物処理施設整備

#### （1）廃棄物系バイオマスの現状

バイオマスは、動植物に由来する有機物資源であり、その燃焼によって発生する二酸化炭素は、大気中の二酸化炭素を増加させないカーボンニュートラルの特性を持っている。このため、バイオマスエネルギーの利用は、地球温暖化の防止に貢献するとともに、エネルギー自給率向上、ひいては、エネルギーの安全保障にも貢献するものとして、各地で様々な取り組みが行われている。

廃棄物系バイオマスは、一般廃棄物としては、食品系バイオマス、紙系バイオマス、し尿・汚泥系バイオマスに分類される。また、産業廃棄物としては、動植物系残渣（食品加工残渣）、紙くず、有機性汚泥（下水汚泥含む）、家畜排せつ物等に分類される。

国内のバイオマスの利活用については、2002年バイオマス・ニッポン総合戦略が閣議決定されたことを契機として、2009年には、「バイオマス活用推進基本法」が制定され、2010年には同法に基づいた「バイオマス活用推進基本計画」が閣議決定された。環境省では、2017年に「廃棄物系バイオマス利活用導入マニュアル」を公開し、廃棄物系バイオマスの利活用事業の普及を推進している。

#### （2）廃棄物処理施設整備上の課題

今後の人口減少や3R（Reduce、Reuse、Recycle）推進に伴う廃棄物の減量化等により、廃棄物処理施設の稼働率の低下が想定されている。また、廃棄物からのエネルギー回収を図るため、焼却施設におけるごみ

発電設備等の普及促進が進められている。ごみ発電設備の設置におい
て、そのエネルギー効率を考慮すると、焼却施設規模としては70t／日以
上が必要とされており、その対応策として小規模廃棄物処理施設に適す
る循環エネルギー技術システムが望まれている[1]。

　一方、廃棄物中の食品廃棄物（生ごみ）は、水分と塩分が多いという
特徴があり、焼却発電を行う場合、水分の多い生ごみが発熱量を低くし、
発電効率を下げている現状がある。また、廃棄物に含まれる塩分は、焼
却炉やボイラの損傷や腐食をもたらすといわれている。また、コスト削
減のため焼却炉の規模を小さくしたいというニーズもある。このため、
生ごみを分別収集して処理するバイオガス化施設や、収集した可燃ごみ
を選別処理する焼却とバイオガスのコンバインド型施設も既に建設され
ている[1]。


## （3）バイオガス化施設の特徴と目的

　バイオガス事業の目的として、エネルギー回収、環境負荷低減、温室
効果ガスの削減等があげられる。廃棄物処理施設の課題を解決して循環
型社会の構築に貢献するために、廃棄物系、未利用のバイオマスを対象
とした、安全、安心な再生可能エネルギーシステムとしてバイオガス事
業の普及促進が望まれている。

　バイオガス事業には、1）排出者が行うもの、2）廃棄物処理業者（民
間）が行うもの、3）自治体が行うもの(PFI,包括委託を含む)がある。1）
や2）の場合、インプットとしては食品廃棄物等の有機性廃棄物等の分
別された廃棄物系バイオマスを扱うことが多い。3）の場合、一般廃棄
物として可燃ごみや分別された生ごみ等を対象としている。近年では、
分別された生ごみを下水処理場に受け入れ、下水汚泥と混合してバイオ
ガス（消化ガス）を増加させ利活用する場合もある。また下水処理場の
消化タンクで生成したバイオガスを民間企業に販売するなどの利活用が
既に行われている。

## (4) バイオガス化施設の特徴

バイオガス化施設は、原料となる有機物を嫌気条件下においてメタン菌等の微生物により、メタンガスと二酸化炭素を主成分とするバイオガスに分解し、生成したバイオガスを燃料や電気として利用する施設である。

バイオガス化施設の主な設備構成を**図3.1-1**に示す。図に示すように、1) 前処理設備、2) メタン発酵設備、3) エネルギー回収設備、4) 排水処理設備等から構成される。また、発酵残渣の処分方法によっては、5) 液肥貯留設備、6) 堆肥化設備等を設置して農地利用する場合もある。

## (5) メタン発酵方式の種類

バイオガス化施設の主工程であるメタン発酵槽は、処理対象物の固形分濃度によって湿式メタン発酵と乾式メタン発酵に分類され、また、発酵温度によって中温発酵と高温発酵に分類される。湿式と乾式のそれぞれの発酵方式の比較を**表3.1-1**に示す。

湿式メタン発酵は、発酵槽への投入固形物濃度が10%程度であり、乾

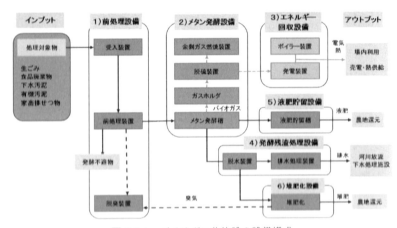

図3.1-1　バイオガス化施設の設備構成

式メタン発酵は、15 ～ 40％程度である。また発酵温度は、高温発酵（約55℃）、中温発酵（約35℃）の2種類の温度領域が利用されている。湿式メタン発酵では、対象物によって高温発酵と中温発酵の2種類の発酵方式が適用されており、乾式メタン発酵では高温発酵のみが適用されている。

　一般的に発酵温度が高い方がメタン菌の増殖速度は速く、メタン発酵に必要な日数が少ないため発酵槽の容量が小さくなる。また、メタン発酵においては、アンモニアが発酵槽に蓄積すると発酵阻害となる。高温発酵と中温発酵を比較すると中温発酵の方がアンモニア阻害に対して安定性が高く、高温発酵では安定性が低い。このため、高温発酵を採用する場合、原料となる発酵槽投入物の質と量に留意する必要がある。特にたんぱく質等の窒素分の多い投入物については、希釈水や他の投入物と混合することによって、アンモニア性窒素濃度を低下させ、対応している。

### 3.1.2　バイオガス事業の先進事例
　バイオガス事業における先進事例を紹介する。
（1）乾式メタン：ごみ焼却施設とのコンバインドシステムの事例
　　　　防府市（**表3.1-2a**）（その他、南但広域行政事務組合、京都市など）
（2）湿式メタン：ごみ焼却施設、下水処理施設との連携（隣接）
　　　　長岡市（**表3.1-2b**）
（3）下水汚泥との混合消化（下水処理施設の消化タンクの利用）
　　　　豊橋市（**表3.1-2c**）（その他、北広島市、恵庭市など）
（4）畜産ふん尿処理：発酵残渣（消化液）の液肥利用
　　　　鹿追町（**表3.1-2d**）（その他、別海町など）
（5）下水・農集排・生し尿・浄化槽汚泥類および食品廃棄物の混合メタン化、および発酵残渣の乾燥肥料利用
　　　　中能登町

第3章　廃棄物系バイオマスによるバイオガス事業のフィージビリティスタディ　　55

表 3.1-1　メタン発酵方式の比較

| | 湿式 | | 乾式 |
|---|---|---|---|
| | 中温発酵（約 35 ℃） | 高温発酵（約 55 ℃） | 高温発酵（約 55 ℃） |
| 固形物濃度<br>（投入物） | 10 ％程度 | | 15 ～ 40 ％程度 |
| 発酵物 | ・生ごみ<br>・家畜排せつ物<br>・下水汚泥、し尿処理汚泥 | ・生ごみ<br>・家畜排せつ物<br>・下水汚泥、し尿処理汚泥 | ・生ごみ<br>・紙<br>・植物（剪定枝等） |
| エネルギー使用量 | ・加温のためのエネルギー<br>　消費が少ない | ・加温のためのエネルギー<br>　消費が多い | ・加温のためのエネルギー消費<br>　が多い |
| 増殖速度<br>ガス発生量 | ・増殖速度が高温に比べ<br>　て遅い | ・増殖速度が速い<br>・ガス発生量は、中温に比べて<br>　若干多い | ・増殖速度が速い<br>・紙を投入できるためガス発生量<br>　が多い |
| 発酵槽容量 | ・発酵日数が多くなるため、<br>　高温に比べて容量は大きい | ・発酵日数が少ないため中温発酵<br>　に比べて容量は小さい | ・有機物負荷が同等であれば、<br>　湿式、乾式とも差は少ない |
| アンモニア<br>阻害 | ・アンモニア阻害への安<br>　定性が高い、約 5,000<br>　mg-N/L 以上で阻害 | ・アンモニア阻害が生じやすい<br>・約 2,500 mg-N/L 以上で阻害 | ・アンモニア阻害が生じやすい<br>・約 2,500 mg-N/L 以上で阻害 |
| 維持管理 | ・メタン発酵菌の種類が<br>　多く、比較的容易 | ・メタン発酵菌の種類が少なく、<br>　発酵対象物の質・量に留意 | ・メタン発酵菌の種類が少なく、<br>　発酵対象物の質・量に留意 |
| 希釈水・<br>排水量 | ・希釈水が多い傾向があり、<br>　排水量は多い | ・希釈水が多い傾向があり、<br>　排水量は多い | ・希釈水が少なく、排水量は<br>　少ない<br>・投入物によっては、希釈水が<br>　必要 |

表 3.1-2a　バイオガス事業の先進事例（防府市）

| | 先行導入事例 | 防府市の取り組み |
|---|---|---|
| 概要 | 人口 | 11.8万人（中規模都市タイプ） |
| | 事業主体 | 防府市単独 |
| | ごみ投入量 | 焼却施設（75t/日×2炉）<br>バイオガス化施設（51.5t/日） |
| | ごみ収集区分 | 可燃ごみ |
| インプット | 処理能力 | 約51.5t/日 |
| 変換技術 | 前処理 | 機械選別装置 |
| | バイオガスシステム | 乾式メタン発酵システム |
| アウトプット | バイオガス利活用 | 独立加熱器により燃焼させ、発電（FIT売電） |
| | 発電量 | 17,543MWh/年 |
| | 発酵残渣の利用 | 残渣は全量を焼却、主灰、飛灰<br>の全量をセメント原料化 |
| 地域特性 | 動機 | 環境負荷低減の評価、複合処理の実用性の確認、他 |
| | 既存のごみ処理方式 | 焼却処理 |

出典：廃棄物系バイオガス導入マニュアル

表3.1-2b　バイオガス事業の先進事例（長岡市）

| | 先行導入事例 | 長岡市の取り組み |
|---|---|---|
| 概要 | 人口 | 28万人（中規模都市タイプ） |
| | 事業主体 | 長岡市（PFI） |
| | ごみ投入量 | 生ごみ約65t/日（発酵対象55t/日） |
| | ごみ収集区分 | 可燃ごみを生ごみ分別収集に変更 |
| インプット | 処理能力 | 55t/日 |
| | ごみ収集区分 | 家庭系（40t/日）と事業系（25t/日）の分別生ごみ |
| 変換技術 | 前処理 | 機械選別装置 |
| | バイオガスシステム | 湿式メタン発酵システム |
| アウトプット | バイオガス利活用 | 発電 |
| | 発電量 | 245万kWh/年（約6,700kWh/日） |
| | 発酵残渣の利用 | 残渣汚泥を乾燥しバイオマス燃料として利用 |
| | 排水 | 隣接する下水処理場で処理 |
| 地域特性 | 動機 | 高効率原燃料回収施設の導入により<br>小規模施設においても高効率発電（発電効率18%）。<br>焼却ごみ量の削減、最終処分場の延命 |

出典：廃棄物系バイオガス導入マニュアル

表3.1-2c　バイオガス事業の先進事例（豊橋市）

| | 先行導入事例 | 豊橋市の取り組み |
|---|---|---|
| 概要 | 人口 | 37.4万人（中規模都市タイプ） |
| | 事業主体 | 豊橋市（PFI） |
| | ごみ投入量 | 生ごみ　59t/日（家庭系49t/日、事業系10t/日） |
| | ごみ収集区分 | 生ごみ分別収集 |
| インプット | 処理能力 | 下水処理場の計画処理能力　117,500m³/日<br>下水汚泥　351m³/日、生ごみ　59t/日<br>し尿・浄化槽汚泥　121m³/日 |
| 変換技術 | 前処理 | 破砕選別装置 |
| | バイオガスシステム | 湿式メタン発酵システム（下水汚泥との混合消化） |
| アウトプット | バイオガス利活用 | 発電（売電）1000kW　最大680万kWh/年 |
| | 発酵残渣の利用 | 脱水汚泥を炭化。民間企業に売却し、石炭代替燃料に利用 |
| 地域特性 | 動機 | し尿処理施設、焼却施設の更新。<br>下水汚泥、し尿・浄化槽汚泥、生ごみの集約処理<br>による処理費用の削減、100%エネルギー化、<br>地球温暖化防止への貢献 |

出典：豊橋市ホームページ

第3章　廃棄物系バイオマスによるバイオガス事業のフィージビリティスタディ　　57

表3.1-2d　バイオガス事業の先進事例（鹿追町）

| | 先行導入事例 | 鹿追町の取り組み |
|---|---|---|
| 概要 | 人口 | 0.6万人（農山漁村タイプ） |
| | 事業主体 | 鹿追町 |
| | ごみ投入量 | 家畜排せつ物85.8t/日（うち食品廃棄物1t/日） |
| | ごみ収集区分 | 生ごみ分別収集 |
| インプット | 処理能力 | 94.8t/日（家畜排せつ物85.8t/日、敷料等4t/日、車両洗浄水5t/日、うち食品廃棄物1t/日） |
| 変換技術 | 前処理 | 破袋機のみ |
| | バイオガスシステム | 湿式メタン発酵システム |
| アウトプット | バイオガス利活用 | 発電（売電） |
| | 発電量 | 約4,500kWh/日、余剰電力を売電、バイオガスを精製圧縮し、利活用方法を調査研究 |
| | 発酵残渣の利用 | 液肥として利用 |
| 地域特性 | 動機 | 家畜排せつ物については、畜産農家が適正処理に苦労していたため、有料でバイオガス化施設にて処理 |
| | 熱利用 | バイオガス化施設の排熱をマンゴー栽培とチョウザメの養殖に活用中 |

出典：鹿追町ホームページ、環境保全センターパンフレット

表3.1-2e　バイオガス事業の先進事例（中能登町）

|  | 先行導入事例 | 中能登町の取り組み |
|---|---|---|
| 概要 | 人口 | 1.7万人（農山漁村タイプ） |
| | 事業主体 | 中能登町 |
| | ごみ投入量 | 食品廃棄物 最大 0.47 t/日 |
| | ごみ収集区分 | 事業系生ごみ分別収集 |
| インプット | 処理能力 | 最大11.06t/日（下水道脱水汚泥4.82t/日、農集排汚泥0.15t/日、生し尿1.51t/日、浄化槽汚4.11t/日、食品廃棄物0.47t/日それぞれ最大） |
| 変換技術 | 前処理 | 異物除去のための選別機、汚泥・生し尿類との混合槽 |
| | バイオガスシステム | 湿式メタン発酵システム |
| アウトプット | バイオガス利活用 | 発電（売電）、発電廃熱の熱源利用 |
| | 発電量 | 約720kWh/日、FITにより全量を売電 |
| | 発酵残渣の利用 | 発酵残渣を発電廃熱により乾燥処理し、汚泥乾燥肥料化 |
| 地域特性 | 動機 | 町内に分散する5カ所の下水・農集排処理場の脱水汚泥を鹿島中部浄化センターで集約処理し、バイオガス化の上、全量の残渣を乾燥肥料化することで、脱水汚泥の処分コスト低減 |
| | | 中能登町は、いわゆる平成の大合併により3つの町が合併して出来た。このため6つの小規模下水処理施設をもつこととなり、それぞれの脱水汚泥の効率的処理が大きな動機となっている。石川県でもこのモデルを積極的に推奨PRしており、小規模分散型の下水処理システムを持つ自治体には適応できるモデルと言える。 |

出典:中能登町下水道事業パンフレット

### 3.1.3　先進事例における導入と成功要因の分析

バイオガス事業に関して、先進事例における成功要因を**表3.1-3**に示す。

### （1）目的設定による動機と成功要因

先進事例における成功要因を分析すると、目的設定が大きな要因になると考えられる。その一例を示す。

大規模都市においては、一般廃棄物の分別収集コスト増から、可燃ごみのまま収集し、そこから発酵適物（主に生ごみと紙ごみ）を選別してバイオガス化するシステムを採用している。紙ごみを発酵物とすることにより、バイオガス発生量を増加させることができるため、ごみ焼却施設の更新、資源回収や温暖化防止への対応としてバイオガス化事業を推

表3.1-3　バイオガス事業の先行事例における成功要因

| | 小規模都市 | 中規模都市 | 大規模都市 |
|---|---|---|---|
| 目的設定 | ・ごみ焼却量または最終処分埋立量の削減<br>・し尿処理施設の老朽化<br>・下水処理施設との連携 | ・ごみ焼却施設の老朽化<br>・将来的な最終処分場の用地確保の問題<br>・ごみ焼却量の削減による最終処分埋立量の削減が必要 | ・ごみ焼却施設の老朽化<br>・資源回収等への対応 |
| インプット | ・生ごみ分別収集についての住民の協力<br>・事業系廃棄物を含めた生ごみの活用 | ・生ごみ分別に行政による丁寧な事業説明<br>・生ごみ分別のインセンティブを付与 | ・前処理装置で機械選別<br>・可燃ごみの収集の継続 |
| アウトプット | ・バイオガスを発電利用<br>・発酵残渣や堆肥として域内に還元可能 | ・FITを活用し、余剰電力を売却<br>・乾燥汚泥を燃料化 | ・バイオガスの発電と熱回収によるエネルギー効率化 |
| 変換技術 | ・複数の原料を処理できる前処理装置を設置 | ・施設連携（排水は希釈後、隣接の下水処理場に送水）<br>・コンバインドシステムの適用により、焼却施設の発電効率向上<br>・分別生ごみを民間に委託 | ・生ごみ分別収集が困難なことからバイオガスと焼却施設のコンバインドシステムを適用<br>・分別した事業系生ごみを民間委託 |
| 地域特性 | ・資源循環やバイオガス活用を意識している<br>・ごみ処理と下水道行政の連携 | ・ごみ焼却施設の統廃合が必要<br>・老朽化したごみ焼却施設更新時における規模縮小<br>・ごみ処理と下水道行政との連携 | ・資源循環やバイオガス活用を意識している<br>・広域での資源循環を意識している地域である |

進した事例がある。

　中規模都市では、将来的な最終処分場の用地確保の問題から、ごみの減量化のため、生ごみを分別し民間連携でバイオガス化している。排水処理については、隣接する下水処理施設で処理し、再生可能エネルギーの固定価格買取制度（以下、FITとする）を利用した売電と、発酵残渣については乾燥後セメント原料として利用している事例がある。

　小規模都市では、し尿処理施設の老朽化、下水処理施設との連携およびごみ焼却量、埋立量の削減がインセンティブになり、生ごみを分別して下水処理施設の消化タンクを利用しバイオガス化している。

　農山漁村の事例では、家畜ふん尿等の畜産廃棄物の処理が必要とされていた。従来、産業廃棄物であるために、民間事業となり事業の採算性が低いため普及していなかったが、生成したバイオガスで発電し、FITを活用した売電により収益性が向上している。

　このように、都市規模や形態が異なる自治体で様々な課題があり、それを解決すべく検討がなされている。


（2）インプットによる動機
①　家畜ふん尿が対象の場合
　　　悪臭や水質汚染問題を改善するためにバイオガス事業が採用される場合が多い。近隣の地域に耕地が十分になく、地下水汚染等が懸念される地域など、バイオガス化による地域へのエネルギー供給、発酵残渣の液肥、堆肥による利用が適する。
②　生ごみが対象の場合
　　　最終処分場逼迫や地域バイオマスの積極活用の手段として採用される。生ごみ等の有機性廃棄物は、メタン発酵による分解率が高く、バイオガス量の増加を見込むことができる。
③　し尿・浄化槽汚泥が対象の場合
　　　し尿・浄化槽汚泥処理施設の更新時が導入の機会になる。生ごみ

等他のバイオマスを取り入れて、し尿、浄化槽汚泥の総合的な処理体系を構築する。

④　下水汚泥が対象の場合

下水汚泥のバイオマスとしての利用が注目されている。既存の消化槽の余裕分に地域の生ごみ等を取り入れる場合や新規に消化槽を設置して、生ごみ等を取り入れる場合がある。これまでのセメント工場原料・焼却灰以外の利用方法が得られるため多様な資源循環が可能となる。

⑤　可燃ごみが対象の場合

ごみ焼却施設の更新時が導入の機会となる。バイオガス施設を併設し、ごみ処理施設において機械選別した発酵適物をバイオガス化する。ごみ焼却量を削減することにより、施設の延命化を図ることができる。


（3）アウトプットによる動機

①　最終処分場の用地確保難に伴うごみ焼却量および埋立量の削減

②　バイオガス発電のFIT活用による採算性向上

③　発酵残渣の液肥、堆肥による農地利用


以上のように、自治体等が廃棄物処理の課題を抱えていたことや、資源やエネルギー循環の視点から循環型社会の構築や地球温暖化防止について、生ごみ分別協力も含め住民の理解や協力があったことが大きな成功要因と考えられる。


## 3.2　都市規模とバイオガスシステムの選定

### 3.2.1　都市規模とバイオガスシステム

**表3.2-1**に廃棄物バイオマスのバイオガスシステムと都市規模の関係を全国自治体の取り組みの内容より整理した。家畜ふん尿は、必ずしも

都市規模との相関は見られないことから別枠で整理している。

　全般として、生ごみを分別回収しメタン発酵する例は小規模から中規模都市を中心に、全国で採用されている。また、下水処理施設や汚泥再生処理センターなどで生ごみを混合処理（メタン発酵）する例は、中規模都市から小規模都市および農山漁村にみられる。

　また、大規模都市では、収集した可燃ごみを機械選別し、発酵適物はバイオガス化し、不適物は焼却するというコンバインドシステムが採用されている。

## 3.2.2　バイオガス事業の条件と課題

　廃棄物系バイオマスとしては、食品廃棄物、生ごみ、下水、し尿・浄化槽汚泥、および家畜排せつ物等の多様な廃棄物があり、これらを混合処理する場合には、様々な関連機関との調整が必要となる。

　また、バイオガス発生量を把握しバイオガスの利活用方法を設定する

表 3.2-1　　全国自治体の取り組みから見た都市規模とバイオガスシステムとの関連

| 都市規模、都市形態 | | | 農山漁村 | 小規模都市 | 中規模都市 | 大規模都市 |
|---|---|---|---|---|---|---|
| バイオガスシステム | | | | | | |
| 可燃ごみ | 乾式メタン発酵 | 焼却施設との併設 | | 南但広域 [※1] | 防府市　町田市（建設中） | 京都市（建設中）鹿児島市（建設中） |
| 生ごみ分別収集 | 湿式メタン発酵 | 下水処理場での混合消化 | 珠洲市　中能登町 | 北広島市　恵庭市 | 豊橋市 [※2] | |
| | | 下水処理場、焼却施設に隣接 | | | 長岡市 [※2] | |
| | | 汚泥再生処理センター | 南宗谷 [※1]　西入北五町 [※1] | 浅麓 [※1]　北名古屋市 [※1] | | |
| | | 生ごみ単独あるいは汚泥等との混合処理 | 大木町 | 中空知 [※1]　砂川市 [※1]　稚内市 [※2]　北空知 [※1] | 富山市 [※2]　土浦市 [※2]　上越市 [※1] | |
| | | ディスポーザード水道 | | 黒部市 | | |
| 畜産廃棄物 | | 家畜ふん尿等との混合処理 | 鹿追町　別海町 [※2]　富士宮市 [※2] | | | |

※1　事業主体：組合による公設公営．※2：PFIあるいは民設民営

とともに、発酵残渣の処理、処分方法を設定する必要がある。発酵残渣の処理のための脱水および脱水ろ液の排水処理に関わるコストが大きな課題となっている。発酵残渣（消化液）を固液分離せずに液肥として農地還元するなどのコストの削減の検討が必要となる。

バイオガス事業における条件と課題を整理すると下記のことが考えられる。

① 廃棄物系バイオマスの対象物の設定と処理量把握
② ごみ収集形態の設定。ごみ分別による収集量の把握と収集運搬費用の検討
③ 発酵適物、不適物の効率的な選別システムの設定
④ 効率的なメタン発酵システムの設定。メタン発酵設備のコンパクト化とバイオガス利活用設備の低コスト化
⑤ 発酵残渣（消化液）の利活用方法の設定。液肥、堆肥利用の検討と促進
⑥ 焼却処理施設、下水道処理施設など関連施設との連携による効率化の検討

### 3.2.3　バイオガスシステムの設定

バイオガス事業を立ち上げるためには、**表3.2-1**に示した都市規模との関連、そして**表3.1-3**で示した成功要因や動機付けに応じたバイオガスシステムの選定が必要である。バイオガスシステムの選定については、特に1）ごみの収集形態の選定、2）バイオガスの利活用、3）発酵残渣の利活用、などの条件への対応を検討することが重要となる。また、焼却施設、下水道施設など他の関連施設と連携したバイオガスシステムが想定される。本書では、以下のシステムを検討し、「フィージビリティスタディ（以下FS）」を行った。

（1）乾式（湿式）コンバインドシステム（焼却施設との連携）

　生ごみの分別収集が困難である地域において、可燃ごみを収集し、機械選別し、発酵適物をバイオガス化施設において処理する。生成するバイオガスは発電および熱回収する。発酵残渣は、脱水し、発酵不適物とともに焼却処理する。脱水ろ液は、所定の基準まで水処理し、下水道放流する。

（2）混合消化（下水処理施設との連携）

　分別収集した生ごみを、下水処理施設にて下水汚泥とともにバイオガス化（混合消化）する。生成したバイオガスは、発電および熱回収する。発酵残渣（消化汚泥）は、下水処理施設において脱水し、脱水汚泥は、乾燥、堆肥化により資源化、脱水ろ液は、下水とともに処理する。

　また、下水処理施設において、生ごみだけでなく、し尿、浄化槽汚泥など、他の施設からの汚泥や有機性廃棄物を受入れる場合もある。

（3）単独または他の有機性廃棄物との混合バイオガスシステム

　食品廃棄物や家畜ふん尿などの他の有機性廃棄物を主体としたバイオガス化を行う。生成したバイオガスは、発電および熱回収する。発酵残渣は、液肥により農地還元を行う。液肥需要が少ない場合は、発酵残渣を脱水し、脱水汚泥は、乾燥、堆肥化により資源化する。脱水ろ液は、所定の基準まで水処理し下水道放流もしくは河川放流する。

## 3.3　フィージビリティスタディ（FS）モデル検討

　FSモデルを検討するにあたって、「廃棄物系バイオマス利活用導入マニュアル（環境省、2017年3月）」[1]を一部変更した手順（**図3.3-1**）に従って、下記に示す4つの事例を対象にFSを行った。

3.3.1　農山漁村のモデル事業（A町　23,000人）

（1）モデルケースのシステム設定

第3章　廃棄物系バイオマスによるバイオガス事業のフィージビリティスタディ　　65

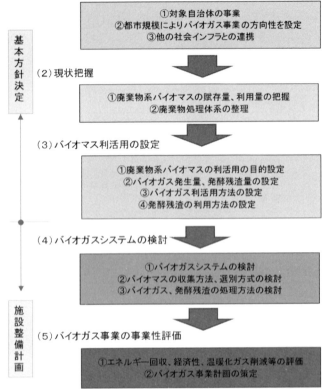

図 3.3-1　廃棄物系バイオマスの利活用の検討手順[1]を参照一部変更

　北海道は酪農等畜産が盛んであり、このような地域において、家畜排せつ物を対象にしたバイオガス施設が比較的多数ある。このような地域において改めてFSを実施することで事業性の確認とともに今後の課題を検討する。今回は畜産が盛んなA町をモデル地区としてFSを実施した。
1) 廃棄物系バイオマスの賦存量設定
　廃棄物系バイオマス利活用導入マニュアル[1]を参考とし、各種統計

表 3.3-1　A町の廃棄物系バイオマスの賦存量

| | 項目 | t/年 | t/日 | 出典等 |
|---|---|---|---|---|
| 一　般<br>廃棄物 | 食品廃棄物 | 2,685 | 7 | 環境省廃棄物処理技術情報他 |
| | 紙ごみ | 2,984 | 8 | 同上 |
| | し尿・<br>浄化槽汚泥 | 7,055 | 19 | 同上 |
| 産　業<br>廃棄物 | 動植物残渣 | 414 | 1 | 道の発生量、町の産業人口比 |
| | 紙くず | 536 | 1 | 同上 |
| | 下水汚泥<br>（脱水前） | 18,666 | 51 | 日本下水道協会<br>『下水道統計』H26年度 |
| | 家畜排せつ物 | 234,786 | 643 | 道産業廃棄物調査、<br>農林業センサス |
| | 合計 | 267,126 | 730 | |

数値を用いて賦存量を算出した（**表3.3-1**）。

2）関連事業の条件設定

　バイオマスの処理施設の状況は、し尿を除く一般廃棄物は溶融処理、し尿・浄化槽汚泥は下水処理場の汚泥消化タンクへ投入し処理している。

　賦存量が最も多い家畜排せつ物は農家が引取り堆肥などにしている。

3）バイオガスシステム設定

　一般廃棄物の生ごみはごみ有料化して以降、発生量が減少しており、課題となっていない。このため、産業廃棄物について、十分に利活用されている下水汚泥以外の動植物残渣、紙くずおよび家畜排せつ物（合計645 t／日）について、現行の堆肥化以外のメニューとして、バイオガス化する場合を想定した。施設計画については、これまでの家畜排せつ物のバイオガス施設の実績では140t/日程度が最大であることを考慮して、110 t／日×6施設と設定した（**表3.3-2**）。

　この6施設の整備場所は、地形・土地利用、バイオマスの集積状況、収集・運搬の合理性、バイオマス施設からの生産物の利活用先、交通状況等を考慮した上で決定する必要があるが、ここではバイオマスの収集

距離は、ほぼ同様であると仮定した。

また、動植物残渣や紙くずは実際の施設計画では6施設のうち1施設に集中して受入れること等が考えられるが、今回のFS検討ではこの施設を特別に検討せず、収集バイオマスが均等に入った場合の物質収支から検討した。

（2）システムの試算結果

図3.3-2にバイオガスシステムのフローを示す。表3.3-3および図3.3-3に事業収支を算定した結果を示す。建設費や運営費は、消化液の肥料利用を伴うメタン化事業実施手引き（2016年3月一般社団法人 地域環境資源センター）を参考とし、運営費の支出は実稼働施設の情報も加味した。

表 3.3-2　A町バイオガスシステムのモデル設定

| 都市規模<br>（人口） | 小規模都市<br>（23,000人） |
|---|---|
| 対象バイオマス | 家畜排せつ物 |
| 処理方式 | 湿式メタン発酵 |
| 処理規模 | 110 t／日 × 6施設 |

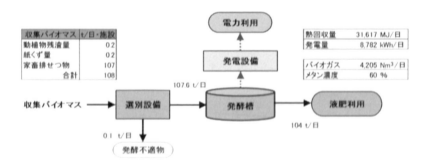

図 3.3-2　A町モデルのバイオガスシステム（家畜排せつ物との混合）

表 3.3-3　A 町モデルの事業収支

(単位:百万円/年)

| 区　分 | | 項　目 | 事業費 (1施設当たり) | |
|---|---|---|---|---|
| | | | FIT活用 | FIT未活用 |
| 建設費 | 支　出 | 収集車両費<br>施設建設費 | 0.1<br>76 | 0.1<br>53 |
| 運営費 | 支　出 | 水道・電力料<br>収集・保守費 | 0.06<br>91 | 0.01<br>91 |
| | 収　入 | 売電 (FIT)<br>液肥<br>廃棄物受入 | 125<br>46<br>29 | 28<br>46<br>29 |
| | 収　支 | | 32 | -41 |

※建設費年価=取得金額×(1-p)×[ i+1/ｌ (i+1) n-1ｌ]
　n：耐用年数，i：割引率（利子率）=0.02%，p：残存割合 =0.1%

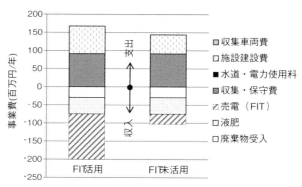

図 3.3-3　A 町モデルの収支の検討

（3）システム適用の評価
1）電力、熱利用、FITの検討

　バイオガスはFIT活用による売電した場合、これが主要な収入源となっており、収入が支出を上回る黒字となった。

　一方、FITを活用しない場合は、バイガス発生にかかる設備費の補助が得られ建設費は低減したが、売電価格がFITに比較して小さい（自家発電売電価格8.8円/kWh相当）ことが影響し、収入が減少し、収支は赤字となった。

## ２）発酵残渣の処理分方法の検討

　発酵残渣は液肥として利活用する。ただし、動植物残渣や紙くずは前処理で破砕等により処理するが、一部固形で残存しているものは液肥散布時にストレーナー等で散布車へ吸引する際に混入しないようにする等の配慮が必要である。

　発酵残渣を処理しなければならない場合は費用が発生し、経済性が悪化するとともに環境面の評価にもマイナスとなるため、液肥利用は有効な方法である。


### （４）事業性評価

#### １）経済性評価

　**表3.3-4**に経済性評価の結果を示す。FIT活用の場合、毎年の利益による初期投資回収は11.7年であり、設備の耐用年数15年を考慮すると採算性は確保されているといえる。この場合、FITによる収入が大きく寄与している。費用の削減や長寿命化等によりさらなる収益の改善が期待される。参考にFIT未活用の場合を示した。この場合は収支が赤字となり、事業性が困難である。

　経済的事項は事業の継続性に大きな影響を与えると考えられるため、FIT価格の変動による年間収支を検討した。**図3.3-4**から、FIT価格が28.9円/kWh以上で確保されない場合は、経済的な年間収支が赤字になることがわかった。このため、バイオガスシステムのFIT価格の改定に

表 3.3-4　A町モデルの経済性評価

| CASE | 収　入 | 支　出 | 収支額 | 投資回収年数 | ＩＲＲ |
|---|---|---|---|---|---|
| | 百万円/年 | 百万円/年 | 百万円/年 | 年 | ％ |
| FIT活用 | 200 | 168 | 32 | 11.7 | 3.3 |
| FIT未活用 | 103 | 144 | -41 | - | - |

は、事業者の運営状況を踏まえた十分な検討が必要である。

2）環境評価

バイオガス発電は、化石燃料を使用しないで電気を生産する方法であり、地上の$CO_2$の循環利用という意味でカーボンフリーと認識されている。電力会社が化石燃料により発電分をバイオガス発電に切り替ると、その分の$CO_2$が削減されたことになる。A町モデルの試算結果、**表3.3-5**に示したとおり、$CO_2$削減量は12,309 t-$CO_2$/年であった。

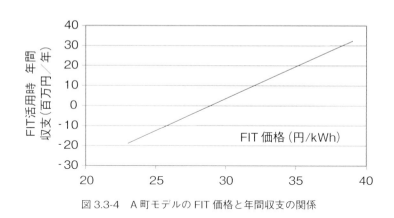

図3.3-4　A町モデルのFIT価格と年間収支の関係

表3.3-5　A町モデルの環境負荷低減効果（6施設分）

| バイオガス発電量 ||  $CO_2$ 排出係数 | $CO_2$ 削減量 |
|---|---|---|---|
| kWh/日 | kWh/年 | t-$CO_2$/kWh | t-$CO_2$/年 |
| 52,694 | 19,233,486 | 0.00064※ | 12,309 |

※北海道電力2016年

第3章　廃棄物系バイオマスによるバイオガス事業のフィージビリティスタディ　　71

## 3.3.2　小規模都市のモデル事業（B市C町　70,000人）
### 〜下水汚泥と生ごみの混合処理事業

### （1）検討対象の設定

　ここでは実在する一市一町で、下水道汚泥（現在既にMICS処理[1]のB市し尿・浄化槽汚泥も含む）、生ごみを対象とした混合消化モデル（消化槽を新設する）を検討する。なお、C町のし尿処理施設は老朽化により廃止し、下水道処理施設のMICS事業[1]による 改修が決定しているので、C町の下水道汚泥・し尿・浄化槽汚泥については対象バイオマスから外した。

### （2）検討の背景
#### 1）B市C町の地勢・産業構造

　B市C町は隣接しており、人口は併せて約7万人である。産業の特徴は、観光・食品加工・建設業が中心ながら、とくに大規模なC町の製紙工場、すなわちボイラ用の大規模石炭需要がある。
#### 2）B市C町の廃棄物処理施設およびその経緯

　対象バイオマスは、一般廃棄物可燃ごみ中の生ごみ、し尿・浄化槽汚泥、下水汚泥とする。現況を施設面からまとめて**表3.3-6**に示す。

　B市C町で廃棄物処理施設の整備状況を見比べると、ほぼC町がB市へ依存していることがわかる。
#### 3）B市C町のごみ処理体制の経緯

　1997年、B市C町が属する総合振興局内ではDXN対策[2]に伴うごみの広域化処理が検討されたが、B市C町は広域化から離脱、B市に焼却施設を新たに更新・建設し、C町はB市に処理委託することにした。当初、焼却残渣・破砕不燃残渣等については、C町由来分相等を案分し、C町最

---

1　汚水処理施設共同整備事業（MICS）；公共下水道・農業集落排水事業、合併浄化槽事業等を共有、合同化し効率的に整備する場合、下水道事業として整備できる制度

終処分場にて埋め立てていたが、残余容量なしとなり外部委託となった。

　C町は2009年度から、可燃ごみ類を**表3.3-6**で(＊)を付したC町の「バイオマス燃料化設備」で燃料化を開始し、B市への処理委託を止めた。前節で述べた大規模石炭需要家にバイオマス燃料を石炭代替燃料として売却し、かつ地域温暖化ガス排出量を低減させる取り組みを開始した。しかし、製造燃料は諸般により燃料としては製紙工場受入品質に合わず、何度かの燃料化設備の改修等を繰り返すも、2013年度をもって可燃ごみのバイオマス燃料化を停止した。翌2014年度からは従前通り、A市に可燃ごみの再度の委託をすることとなった。

　一方で、処理を受託するB市側であるが、**表3.3-6**に記したように、B市の焼却処理施設は、61.5t/日の流動床炉が2炉で123t/日の処理能力を有する。2016年度平均実績は、焼却処理量は64.3t/日と一炉処理能力に対して僅かに多い。なお**図3.3-5**より、C町の可燃ごみを受託していなかった2009〜2013年は、ほぼ一炉運転で済んでいるのがわかる。現在、B市C町合わせた可燃ごみは季節変動や定期修理を考慮すると、一炉だけでは賄えず不定期に二炉運転して処理している。二炉稼働率は直近平成28年度で年間30％程度である（**図3.3-5**）。B市は、この焼却炉に対して継続的な延命工事を施し、2000年の供用開始後30年までの継続使用を目標にしている[3]。

　焼却炉は昇温降温の繰返しで痛みが進む。 焼却炉を長く大事に使うのであれば、一定稼働率を維持した運転を継続、できるだけ炉の立上・立下回数を少なくすることが望ましい。処理量が減少すれば、常時1炉運転1炉は修繕・予備とすることが可能になり、炉への負担を減らしつつ、継続的な延命化工事の工期も確保出来る。また、同時に電気代等の

---

2　DXN（ダイオキシン）対策；2000年に施行された特措法にもとづくもの。人命及び健康に重大な影響を与える物質であるダイオキシン類を排出する施設に対して、その排出基準を大幅に厳しく規定した。

第3章　廃棄物系バイオマスによるバイオガス事業のフィージビリティスタディ

表 3.3-6　対象廃棄物ごとの処理施設の有無および能力（2016 年現在）

| | B 市 | | C 町 | |
|---|---|---|---|---|
| 可燃ごみ | 流動床式焼却炉 | 63.5t/日 ×2 炉<br>123t/日 | なし<br>隣接 B 市委託 | DXN対策上<br>1999年 廃炉 |
| 最終処分場<br>不燃・粗大・ | あり<br>リサイクルプラザ | 残余 20 ～ 25 年<br>破砕 24t/日 | 供用停止<br>なし | 残余無 |
| 資源ごみ類 | | 資源化 11t/日<br>PET 0.6t/日 | 隣接 B 市委託 | |
| 生ごみ類 | 高速堆肥化施設<br>事業系の一部 | 5t/日 | なし | |
| その他（*） | － | | バイオマス<br>燃料化施設<br>（*） | |
| 下水処理場 | あり | OD 法<br>消化槽無 | あり | 標準活性汚泥法<br>消化槽あり |
| し尿・浄化槽<br>汚泥処理場 | なし | 下水との<br>MICS 処理 | あり | 今後下水との<br>MICS 処理化 |
| 下水汚泥 | 可燃ごみとの混焼<br>ごみ焼却施設での自家処理<br>セメント資材化<br>民間委託 | | コンポスト化<br>民間委託 | |

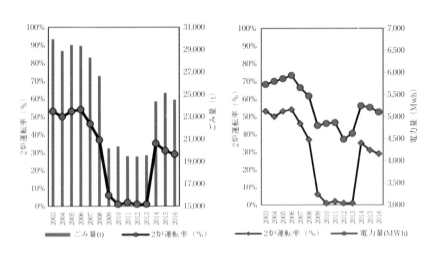

図3.3-5（左）、図3.3-6（右）ごみ焼却処理量および電力使用量と2炉運転率の関係

用役費の削減効果も生む。例えば、1炉分の押込・誘引ファンの運転時間削減になり、即ち、電力量削減となる〈事実、過去において、C町の可燃ごみを受入しなかった期間は、明らかに電力使用量の低減が図れている（**図3.3-5、図3.3-6**）[4]〉。

（3）前提条件の設定

　課題は、B市はごみ焼却処理量減による焼却施設の長期延命、C町は安定的な可燃ごみ処理の委託とバイオマス燃料使用による低炭素化といえる。

　本FSにおいては下記条件設定のもと、生ごみと下水汚泥の混合消化処理を検討し、その経済性を評価した。

①B市C町にて、可燃ごみとして回収しているごみから、生ごみのみを分別収集する（市民の分別排出協力が必要）。観光業が盛んなのでホテルレストラン等の事業系生ごみも積極的に分別指導（すでにB市は高速堆肥化施設を有し、B市内分のみで日量1.5t程度を処理中であるが、ここには変更を加えない）。

②生ごみ発生量は、生活系原単位を180g/人日とし、分別排出協力率に60％を設定、日量7.5tとする。事業系は現在焼却処理している可燃物のうちの厨芥類50％、日量7.6tが分別排出されると設定する。

③分別品種が増え別回収となり収集運搬費が増えるが、現状の1tあたり単価（12千円/t）を生ごみ収集量に乗じた金額をシステム変更後の経費として追加計上した。なお、12千円/tはC町からB市への長距離収集運搬委託単価として安全側に設定する。

④B市下水処理場（OD法・消化槽なし）に、生ごみの受入前処理設備、消化槽、バイオガス発電機、汚泥乾燥機を設置し混合消化を実施する。

---

5　コジェネ；熱電併給　発電と発電時に発生する廃熱を蒸気や温水として熱利用するもの。

第３章　廃棄物系バイオマスによるバイオガス事業のフィージビリティスタディ　　　75

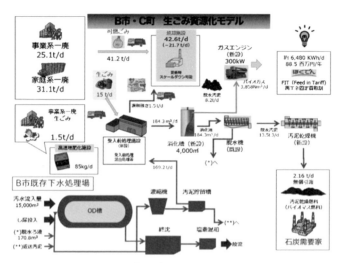

図 3.3-7 検討結果システムフロー

設備整備は適宜費用関数[4,5]を用いて試算した。なお、他の現有施設の増強は、試算の結果から、必要なしと判断した。

⑤発電機はコジェネ[5]を採用し、発電廃熱は消化槽の加温と、メタン発酵残渣汚泥の乾燥熱源に使用する。

⑥消化汚泥乾燥物は、石炭（16,700 kJ/kg）の半分程度の熱量でバイオマス燃料になり得るので、C町の石炭需要家に熱量見合の単価で売却する。（B市下水処理場とC町需要家までの距離より試算すると、売却費と同等程度の運搬費を想定し、無償譲渡とする。）なお、現在B市下水処理場から排出される脱水汚泥はB市焼却設備で処理しているので処理費削減を計上する。

⑦B市が所有する焼却処理施設も、延命化をするにしてもいずれは更新することになる。混合消化による焼却ごみ量、および脱水下水汚泥の焼却量削減により、施設更新の際には施設の規模縮小が可能である。これを、将来の経費削減効果として建設費年価の削減分を経費減として計上する。

表 3.3-7 収支の検討（年間収支）

| 支出増 | | 支出減／収入増 | |
|---|---|---|---|
| 項目 | 金額<br>（百万円／年） | 項目 | 金額<br>（百万円／年） |
| 混合消化設備建設費 年価※1<br>（国交省・環境省補助適用） | 143.3 | 焼却処理更新費削減 年価※2<br>（環境省補助適用） | 61.7 |
| 混合消化設備運転経費増 | 154.1 | ごみ焼却処理経費削減分※4 | 155.2 |
| 分別収集費増※3 | 32.9 | 売電収入※5 | 88.5 |
| 合　計 | 330.3 | 合　計 | 305.4 |
| 差引　24.9百万円／年の支出増 | | | |

※1：試算額合計（下水道処理設備への混合消化設備建設投資額）
　　　2,527.5百万円（国交省補助を55％として適用、ただしFIT認定範囲は補助無）を年価に換算（割引率2.0％）
※2：スケールダウンによる焼却処理施設更新費投資削減
　　　1,014.8百万円（環境省補助33％適用後）を年価に換算（割引率2.0％）
※3：生ごみ搬入量に、現在の収集委託費12千円/tを乗じて計上⇒2,737.5t／年×12千円＝32,850千円＝32.9百万円
※4：北海道内の焼却処理平均経費19,500円/t×21.8t／日×365日＝155.2百万円／年
　　　（21.8t／日には、B市が自家で焼却処理していた下水脱水汚泥の焼却回避量を含んでいる）
※5：FIT適用　39円/kWh×2,268MWh＝88.5百万円／年

　上記条件のもと、検討結果の混合消化システムフローを**図3.3-7**に示す。


（4）経済的効果
1）混合消化導入による設備投資額の検討
　混合消化導入にあたって、既存下水処理設備に設置する施設・機器整備費、運転費（修繕費・維持管理費・用役費）については「下水処理場へのバイオマス（生ごみ等）受入れマニュアル」[4,5]の費用関数で試算した。追加設備年価負担、追設設備の運転経費、および生ごみの分別収集経費の3点が支出増となる。
2）経費削減・収入増、および収支の検討
　一方で、生ごみが焼却回避され、混合消化後の脱水汚泥も乾燥処理後に燃料利用されるため、現行実施中の脱水汚泥焼却処理も回避される。処理量減は、先に示したように電力量他の用役費を含め経費節減に結びつく。さらに、得られたバイオガスは全量バイオガスエンジンにて発電、FITで全量売電することを前提としている。2018年現在の売電単価は39円/kWhなので、年額88.5百万円の売電収入となる。また、生産する乾

燥汚泥燃料は運送費・売却費の相殺で無償となる前提なので、収支への影響はない。

　先の経費増と併せて年間収支をまとめたものが**表3.3-7**となる。支出増と支出減もしくは収入増の差引きで、年間24.9百万円の支出増となる。


## （5）$CO_2$（環境負荷）低減効果

　本件FSでの$CO_2$排出削減は、バイオガス発電と、汚泥乾燥燃料の石炭代替燃料使用による効果の2つが挙げられる。

　まず、再エネ電力供給に伴う削減効果は、北海道電力の2016年$CO_2$排出原単位が0.64kg-$CO_2$/kW、売電量が2.268MWh/年であることから、0.64×2,268,000＝1,452t-$CO_2$/年となる。

　さらに、汚泥乾燥燃料供給量が2.16t/日、乾燥燃料の対石炭カロリー見合いから、1.0tのボイラ用一般炭を2.0tの乾燥燃料で代替可能と想定される。一般炭の$CO_2$排出原単位が、2.409kg-$CO_2$/kgであることから、0.5×2.16t/日×1,000×2.409kg-$CO_2$/kg×365日＝950t-$CO_2$/年となる。

　両者合わせると、2,402t-$CO_2$/年の削減効果が期待できる。ただし、厳密には生ごみ分別収集による収集車走行距離増、汚泥乾燥肥料の運搬に伴う$CO_2$排出量増を考慮する必要があり、少なからず効果は小さくなる。


## （6）まとめ

①経済的効果：焼却施設の更新費用を考慮した場合で、24.9百万円の経費増になり経済メリットはマイナスとなるが、詳細な検討を進める余地があると考えられる。

②環境負荷低減（$CO_2$削減効果）：年間2,402t-$CO_2$のオフセット効果が期待できる。ただし、収集運搬・燃料運搬の負荷増加を考慮していないので少なからず効果は小さくなる。

③社会的要求事項：生ごみの分別収集が前提のため、市民の広い理解

と協力が必要である。

④ごみ焼却施設の延命：B市の焼却処理施設延命が大命題のなか、生ご
みの分別収集処理による焼却処理量削減および常時一炉運転・一炉修
繕予備体制に移行できるメリットは大きい。

### 3.3.3　小規模都市のモデル事業（D市　89,000人）
　　　　　　～既存消化槽利用混合処理

　小規模都市のモデル事業として、人口9万人弱の商工業を中心産業とす
る都市における下水処理場での下水汚泥と生ごみの混合処理を検討する。

　同市では、廃棄物の資源化等に関する計画を定めているが、廃棄物系
バイオマスを活用する事業は行われていない。廃棄物処理に関しては、
ごみ焼却（溶融処理）のコストが嵩んでいることが課題としている。

　そこで、既に実施されている下水処理場における消化槽に生ごみを混
合し、ごみ処理経費を削減すると共に、バイオガスの回収量を増大させ、
バイオガス発電による収入増を目指す事業を想定する。

（１）下水処理および廃棄物処理の現状

　**表3.3-8**に廃棄物系バイオマスの賦存量を示す。下水道の普及率が
99.2％、日平均汚水量は、約30,000m³/日、下水汚泥は201m³/日で、バ
イオガスの回収が行われている。北海道の他の地域に比べ、家畜ふん尿
や農作物非食用部等、農業系のものが少なく、また、これらの廃棄物の
資源化等が行われているデータはない。

（２）混合処理フロー

　**図3.3-8**に想定する混合処理のフローを示す。

　現状では、日量201.3m³の濃縮汚泥から、約1,150千Nm³のバイオガス
が回収され、消化槽の加温に利用されている。

　家庭系および事業系の生ごみを下水処理場に分別回収し、下水汚泥と

第3章　廃棄物系バイオマスによるバイオガス事業のフィージビリティスタディ　　　79

表 3.3-8　D市廃棄物賦存量

| 種類 | | 賦存量 年間 | 賦存量 日量 | 備考・データ出典 |
|---|---|---|---|---|
| 下水汚泥 | | 73,468m³/年 | 201m³/日 | H26 下水道統計 し尿混合済み |
| 生ごみ | 家庭系 | 6,933t/年 | 19.0t/日 | 一般廃棄物処理 実態調査 |
| | 事業系 | 6,431t/年 | 17.6t/日 | 同上 |
| 家畜排せつ物 | | 5,001 t-dry/年 | 13.7 t-dry/日 | 乳用牛　農水省 統計データ |
| 農作物 非食用部 | | 31.0 t-dry/年 | 0.1 t-dry/日 | 稲わら、麦稈 農水省統計データ |
| 漁業系残渣 | | 5,996t/年 | 16.4t/日 | 漁獲高の30%と仮定 |

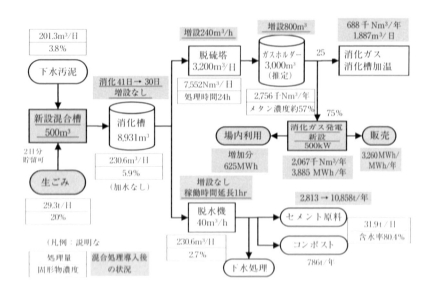

図 3.3-8　D市モデルの混合処理フロー

80

表 3.3-9　D市モデルの建設費

| 導入設備 | | 処理量等 Q | 建設費計算式<br>（費用関数） | 建設費<br>（百万円） | 建設費年価※<br>（百万円/年） |
|---|---|---|---|---|---|
| 生ごみ<br>前処理施設 | 機械設備 | 32.51<br>t/日 | $98.595 \times Q^{0.4752}$ | 516 | 28.4 |
| | 電気設備 | | $29.618 \times Q^{0.5121}$ | 176 | 12.3 |
| | 土木 | | $22.405 \times Q^{0.5043}$ | 130 | 4.3 |
| | 建築 | | $75.893 \times Q^{0.3423}$ | 250 | 8.2 |
| | 計 | | | 1,072 | 53.2 |
| 混合設備 | 機械設備 | 500 m³ | $8.2645 \times Q^{0.3999}$ | 99 | 5.5 |
| | 電気設備 | | $0.836 \times Q^{0.5349}$ | 23 | 1.6 |
| | 土木・建築 | | $2.0102 \times Q^{0.5834}$ | 76 | 2.5 |
| | 計 | | | 198 | 9.6 |
| 発電機<br>（ガスエンジン） | 機械設備 | 5,664 m³/日 | $1.31 \times Q^{0.699}$ | 550 | 38.6 |
| | 電気設備 | 5,664 m³/日 | $0.201 \times Q^{0.751}$ | 132 | 9.3 |
| | 計 | | | 682 | 47.8 |
| 脱硫塔 | 新設 | 240 m³/hr | $0.878 \times Q^{0.761}$ | 57 | 4.0 |
| ガスホルダー | | 800 m³ | $10.4 \times Q^{0.437}$ | 193 | 13.5 |
| 合計 | | | | 2,202 | 128.1 |

※：建設費年価（建設費を施設の耐用年数期間にわたる年間費用に換算した費用）は、以下の式により算出した。

$$年価＝取得金額 \times (1\text{-}p) \cdot i + \left[ \frac{1}{(i+1)^{n\text{-}1}} \right]$$

n：耐用年数
i：割引率（利子率）=0.02%
p：残存割合=0.1%

表 3.3-10　D市モデルの運転費（混合処理導入による増加分）

| 項目 | 運転費計算式 | 処理量等：Q | 運転費<br>（百万円/年） |
|---|---|---|---|
| 生ごみ前処理施設 | $7.58 \times Q^{0.264}$ | 32.51 t/日 | 19.0 |
| 混合設備 | $0.184 \times Q^{0.400}$ | 500 m³ | 2.2 |
| 発電設備 | $0.191 \times Q^{0.717}$ | 591 kWh | 18.6 |
| 脱硫塔 | $0.0796 \times Q^{0.761}$ | 240 m³/hr | 5.2 |
| ガスホルダー | $0.283 \times Q^{0.302}$ | 800 m³ | 2.1 |
| 消化タンク | $0.171 \times Q^{0.39}$ | 10,695 m³/年 | 6.4 |
| 脱水施設 | $0.039 \times Q^{0.596}$ | 10,695 m³/年 | 9.8 |
| 合計 | | | 63.3 |

の混合処理を行い、回収したバイオガスで発電し、FITにより売電するバイオガス事業を考える。

　本事業では、処理量の増大、発生ガス量の増大に伴い、生ごみの前処理施設、混合槽、脱硫塔、ガスホルダー、発電機の新増設を行うと共に、脱水機は運転時間の延長で、消化槽は発酵時間の短縮で対応する。

　混合処理導入の結果、消化槽での処理量は約230m³/日と混合前の約15％増でしかないが、生ごみの有機物量が多いため、バイオガスの回収量は、現状の約140％増の、年間約2,756千Nm³となる。


（3）経済的効果

　混合処理導入前後の処理経費等の増減で経済性を評価する。

第３章　廃棄物系バイオマスによるバイオガス事業のフィージビリティスタディ　　81

表 3.3-11　Ｄ市モデルの収支の検討（年間の収支）

| 支出増 | | 支出減・収入増 | |
|---|---|---|---|
| 項目 | 金額<br>（百万円／年） | 項目 | 金額<br>（百万円／年） |
| 建設費（補助 50%）※1 | 96.7 | ごみ処理経費※4 | 231.4 |
| 運転費 | 63.3 | 売電収入※5 | 127.1 |
| 残渣処分費※2 | 111.0 | | |
| 分別収集費※3 | 116.2 | | |
| 合計 | 387.2 | 合計 | 358.5 |

※1：(前処理施設 53.2＋混合設備 9.6）×50%＋発電機 47.8＋脱硫塔 4.0＋ガスホルダー 13.5
※2：増加分を全てセメント原料として処分
　　処分費＝13,800 円／t×8,045t／年＝111.0 百万円／年
※3：収集回数が 1 回増加と仮定　⇒年間収集経費 185 百万円／年÷2＝92.5 百万円／年
　　有料ごみ収集の生ごみを無料に⇒20 円／10L×32.5t／日×365 日＝23.7 百万円／年
　　92.5＋23.7＝116.2 百万円／年
※4：北海道平均 19,500 円／t×32.5t／日×365 日＝231.3 百万円／年
※5：FIT 適用　39 円／kWh×3,260MWh＝127.1 百万円／年

表 3.3-12　Ｄ市モデルの焼却施設に関する削減額

| 項目 | 処理量（能力） | | 建設費※1<br>（百万円） | 建設費年価※2<br>（百万円／年） |
|---|---|---|---|---|
| | t／年 | t／日 | | |
| 混合処理導入前 | 48,000t／年 | 150t／日 | 7,230 | 439 |
| 混合処理導入後 | 35,000t／年 | 110t／日 | 5,754 | 349 |
| 削減額 | 削減量＝11,868t／年＝32.5t／日 | | 1,476 | 90 |

※1：建設費＝-0.087×Q2＋59.53×Q＋258　　Q＝日処理量
※2：土木・建築の建設費を全体の 25%，機械・電気関係建設費を全体の 75% として算定

## 1）建設費・運転費

　建設費および運転費は、下水処理場へのバイオマス（生ごみ等）受け入れマニュアルの費用関数を用いた[4]。表3.3-9に建設費、表3.3-10に運転費（増加分）を示す。

## 2）収支の検討

　混合処理の導入前後で、支出増となるのは、施設の建設費と運転費（表3.3-9、表3.3-10）、消化汚泥処分費、生ごみの分別収集費である。一方、支出減となるのは、焼却施設での処理経費である。また、余剰ガスによる発電で、売電収入が期待できる（処理量増に伴う電気使用量の増加分625MWh/年を消化ガス発電で賄った後の余剰ガス）。

　表3.3-11に混合処理導入後の年間の収支検討結果を示す。尚、環境省

の補助事業を活用し、発酵槽以降の発電に必要な設備（発電機、脱硫塔、ガスホルダー）以外の建設費の50%が補助されるとした。

**図3.3-9**に示す通り、混合処理の導入で28.7百万円／年の経費増になるという結果となった。

３）焼却施設更新時建設費の検討

生ごみを焼却処理から混合処理に変更することで、ごみ焼却施設での処理量を現状の150t／日から110t／日に削減できるため、焼却施設の更新時に混合処理を導入すれば、焼却施設の規模を縮小することができる。費用関数を用いて、建設費の削減額を試算すると、**表3.3-12**に示すように、建設費が約15億円、建設費年価90百万円／年となる。

したがって、混合処理導入で、焼却施設更新費90百万円が削減でき、年間61.3百万円の経費削減が可能となる。（**図3.3-9参照**）

（４）CO$_2$排出削減効果

混合処理導入によるCO$_2$排出量削減は、新規に導入したバイオガス発電による商用電力の置換えとする。下水処理場内での削減ではないが、以下の通りの削減量を見込むことができる。

・**図3.3-8**より、新規発電量は、3,885MWh/年
・北海道電力のCO$_2$排出原単位（2016年度）＝ 0.64kg-CO$_2$/kWh
⇒CO$_2$排出削減量 = 0.64×3,885,000 = 2,486t-CO$_2$/年

但し、上記以外に、生ごみの分別収集や消化汚泥の処分時の運搬によるCO$_2$の排出が増加する。

（５）まとめ

①生ごみを既存下水道消化槽で混合処理をする経済的効果は、年間28.7百万円の経費増と混合処理のメリットが出ておらず、さらなる経費削減策が必要である。

②焼却施設の更新費用を加味すると、年間約61百万円の経費削減とな

第3章　廃棄物系バイオマスによるバイオガス事業のフィージビリティスタディ　　　83

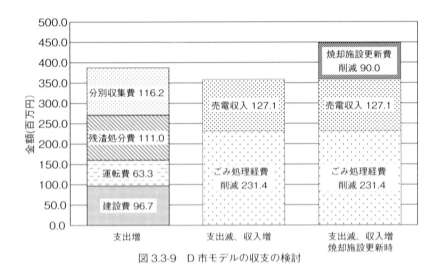

図3.3-9　D市モデルの収支の検討

り、焼却施設の更新とともに混合処理を導入すれば、経済的メリットが出る可能性が示された。
③バイオガス発電のみを対象とした効果を示したが、熱利用が可能であれば、より大きな効果が得られる可能性がある。
④経済的効果は、FITの活用が前提であり、補助金の適用条件や実施時点での買取価格には留意が必要である。
⑤生ごみの分別収集の実現のための市民の協力、消化槽での発酵期間延長、消化汚泥をセメント原料として処分も前提としており、これらの実現が必要である。
⑤廃棄物利活用の状況は、大都市に近いと考えられ、本検討（混合処理事業）は、既存の消化槽に余裕がある場合には、大都市にも適用可能であると考えられる。

### 3.3.4　中規模都市のモデル事業（E市　120,000人）

　中規模都市におけるモデル事業として、人口12万人、食品製造や木材製品などを中心産業とするE市のバイオガス事業を検討する。

　同市では、一般廃棄物処理において、可燃ごみ、不燃ごみ、資源ごみ、プラスチック製容器包装などの分別収集が行われている。可燃ごみは焼却施設において焼却処理され、ペットボトル、発泡スチロールなどは資源化・減量化施設が併設したリサイクルセンターにおいて破砕、選別処理により資源化されている。焼却施設は、交付金を活用した施設整備を行い耐用年数の延長を図るとともに、ごみ発電によるエネルギー効率向上を図る基幹的整備事業が行われている。

　同市の廃棄物処理計画においては、ごみの減量化や資源化等の方針が定められており、生ごみの低水分化による減量化施策や、一部の地域では生ごみの分別収集による堆肥化など資源化施策の推進が図られている。

　一方、下水処理施設においては、汚泥処理方式として汚泥消化（バイオガス化）が採用され、生成される消化ガス（バイオガス）を回収し、バイオガス発電による熱回収や電力回収が行われている。

　同市におけるFSとしては、ごみ処理施設に搬入されるごみの中で、家庭系と事業系の生ごみを分別収集することを前提とし、焼却施設におけるごみ処理経費を削減するとともに、収集した生ごみは下水処理施設において下水汚泥との混合消化を行い、バイオガス回収量を増大させ、FITを活用した売電による収入増を行うモデルを想定した。

　選定にあたっては、①生ごみを分別収集し下水処理施設において混合消化する方式と、②可燃ごみを機械選別し乾式メタン発酵を行うコンバインド方式を比較したが、現状、ごみ焼却発電を行っていることから、②を採用した場合、機械選別により紙ごみ由来のエネルギーが焼却施設から分離され発電効率が低下すると判断されるため、本FSでは、分別収集した生ごみを下水道処理施設との連携により混合消化する、①混合

第3章　廃棄物系バイオマスによるバイオガス事業のフィージビリティスタディ　　　85

表3.3-13　E市の廃棄物系バイオマスの賦存量

| | 項目 | t/年 | t/日 | 出典等 |
|---|---|---|---|---|
| 一般廃棄物 | 食品廃棄物 | 10,083 | 28 | 環境省「一般廃棄物処理実態調査」および構成比率より算定 |
| | 紙ごみ | 11,206 | 31 | |
| | し尿・浄化槽汚泥 | 6,791 | 19 | 市町村のし尿処理統計 |
| 産業廃棄物 | 動植物性残渣 | 3,117 | 9 | 都道府県産業廃棄物調査から推定 |
| | 紙くず | 589 | 2 | 都道府県産業廃棄物調査から推定 |
| | 下水汚泥 | 88,961 | 244 | 日本下水道協会『下水道統計』H26年 |
| | 家畜排せつ物（動物のふん尿） | 167,277 | 458 | 農林水産省『農業センサス』から推定 |

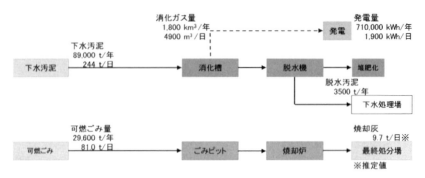

図3.3-10　E市のごみ処理と下水汚泥処理の現状フロー

消化モデルを想定した。

（1）下水処理および廃棄物賦存量の現状

E市下水処理施設は、日平均汚水量約44,000m³の標準活性汚泥法による分流式（一部、合流式）下水道であり、し尿、浄化槽汚泥も下水道で混合処理されている。

E市の廃棄物系バイオマスの賦存量は、**表3.3-13**に示すように、下水汚泥とともに家畜排せつ物なども多いことが特徴である。

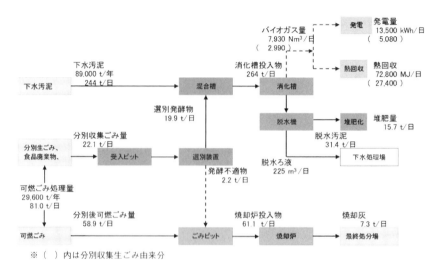

図 3.3-11　E市のごみ処理と下水汚泥処理の現状フロー

(2) 現状フローとモデル事業のフロー
1) 現状フロー

**図3.3-10**に現状のフローを示す。現在、可燃ごみは年間約29,600tが収集され、焼却処理されている。また、下水処理施設では、生成される年間約89,000tの濃縮汚泥を消化槽に投入し、年間1,800千Nm$^3$の消化ガス（バイオガス）を回収し、消化槽の加温と発電に利用している。

2) モデル事業の混合処理フロー

**図3.3-11**にE市モデル事業の混合消化のフローを示す。モデル事業では、家庭系および事業系の生ごみを分別収集することを前提として、生ごみと下水汚泥との混合消化を行い、回収したバイオガスで発電し、FITにより売電することを想定する。

本モデル事業では、生ごみの処理と発生ガス量の増大に伴い、生ごみの前処理施設、混合槽、脱硫塔、ガスホルダー、発電機の増設を行う。汚泥量の増加に対して、脱水機は運転時間の延長により対応し、消化槽

第３章　廃棄物系バイオマスによるバイオガス事業のフィージビリティスタディ　　87

表 3.3-14　Ｅ市モデルの建設費

| 導入設備 | | 処理量等<br>（Q） | 建設費計算式<br>（費用関数） | 建設費<br>（百万円） | 建設費年価※<br>（百万円/年） |
|---|---|---|---|---|---|
| 生ごみ<br>前処理施設 | 機械設備 | 22.1t/日 | $98.595 \times Q^{0.4752}$ | 429 | 23.6 |
| | 電気設備 | | $29.618 \times Q^{0.5121}$ | 145 | 10.1 |
| | 土木 | | $22.405 \times Q^{0.5043}$ | 107 | 3.5 |
| | 建築 | | $75.893 \times Q^{0.3423}$ | 219 | 7.2 |
| | 計 | | | 900 | 44.4 |
| 混合設備 | 機械設備 | 530m³ | $8.2645 \times Q^{0.3999}$ | 102 | 5.6 |
| | 電気設備 | | $0.836 \times Q^{0.5349}$ | 24 | 1.7 |
| | 土木・建築 | | $2.0102 \times Q^{0.5834}$ | 78 | 2.6 |
| | 計 | | | 204 | 9.9 |
| 発電機<br>（ガスエンジン） | 機械設備 | 2,990m³/日 | $1.31 \times Q^{0.699}$ | 352 | 24.7 |
| | 電気設備 | | $0.201 \times Q^{0.751}$ | 82 | 5.7 |
| | 計 | | | 434 | 30.4 |
| 脱硫塔 | 増設 | 130m³/h | $0.878 \times Q^{0.761}$ | 36 | 2.5 |
| ガスホルダー | | 200m³ | $10.4 \times Q^{0.437}$ | 105 | 7.4 |
| 合計 | | | | 1,679 | 94.6 |

※：建設費年価（建設費を施設の耐用年数期間にわたる年間費用に換算した費用）は、以下の式により算出した。

$$ 年価 = 取得金額 \times (1-p) \cdot i + \left( \frac{1}{(i+1)^{n-1}} \right) $$

n：耐用年数
i：割引率（利子率）=0.02%
p：残存割合=0.1%

の容量は消化日数の短縮で対応することにした。

　分別収集された生ごみ22.1t/日の発酵不適物を除去し、消化槽に投入される選別発酵物は約19.9t/日となる。これは、下水汚泥量の約8％程度でしかないが、生ごみ中の分解可能な有機物量が多いため、生成されるバイオガス量は、現状の約160％の約7,930Nm³/日となる。また、生成したバイオガスを全量発電すると、発電量は、約13,500kWh/日となる。

表3.3-15　E市モデルの運転費（混合処理導入による増加分）

| 項　目 | 運転費計算式 | 処理量等：Q | 運転費<br>（百万円／年） |
|---|---|---|---|
| 生ごみ前処理施設 | $7.58 \times Q^{0.264}$ | 22.1t／日 | 17.2 |
| 混合設備 | $0.184 \times Q^{0.400}$ | 530m³ | 2.3 |
| 発電設備 | $0.191 \times Q^{0.717}$ | 220kW | 9.1 |
| 脱硫塔 | $0.0796 \times Q^{0.761}$ | 130m³／h | 3.2 |
| ガスホルダー | $0.283 \times Q^{0.302}$ | 200m³ | 1.4 |
| 消化槽 | $0.171 \times Q^{0.39}$ | 42,800m³／年 | 11.0 |
| 脱水施設 | $0.039 \times Q^{0.596}$ | 42,800m³／年 | 22.5 |
| 合　計 | | | 66.7 |
| 項　目 | 消費電力量計算式 | 処理量等：Q | 消費電力量<br>（MWh／年） |
| 生ごみ前処理設備 | $94.6 \times Q^{0.430}$ | 22.1 t／日 | 358 |
| 混合設備 | $9.45 \times Q^{0.493}$ | 530 m³ | 208 |
| 電力料増加 | 単価：13.5円／kWh | | 7.6百万円／年 |

表3.3-16　E市モデルの収支の検討（年間の収支）

| 支出増 | | 支出減／収入増 | |
|---|---|---|---|
| 項目 | 金額<br>（百万円／年） | 項目 | 金額<br>（百万円／年） |
| 建設費（補助50%）※1 | 67.5 | ごみ処理経費※4 | 157.3 |
| 運転費 | 66.7 | 売電収入※5 | 72.3 |
| 電気使用増による費用 | 7.6 | 最終処分費※6 | 17.5 |
| 汚泥処分費※2 | 0 | | |
| 分別収集費※3 | 112.9 | | |
| 前処理運転委託費※7 | 15.0 | | |
| 合計 | 269.7 | 合計 | 247.1 |

※1：消化槽以降を100%とした。(44.4＋9.9)×0.5＋30.4＋2.5＋7.4＝67.5百万円／年
※2：汚泥増加分を全て堆肥として無償配布とする。
※3：ごみ収集運搬単価14,000円／tと仮定。年間収集経費：14,000円／t×22.1t／日×365日＝112.9百万円／年
※4：北海道平均19,500円／t×22.1t／日×365日＝157.3百万円／年
※5：FIT適用　39円／kWh×5,080MWh×365日＝72.3百万円／年
※6：最終処分量減少による支出減：焼却灰の生成率を12%と想定。(9.7-7.3)t／日×365日×20,000円＝17.5百万円／年
※7：前処理運転委託費として、運転人員を3名と想定。3人×5,000千円／年・人＝15 百万円／年

## （3）E市モデルの経済的効果

### 1）経済性評価

　混合消化導入前後の処理経費等の増減で経済性を評価する。建設費および運転費は、「下水処理場へのバイオマス（生ごみ等）受け入れマニュアルの費用関数を用いる[4]。建設費、運転費（増加分）の試算結果を**表3.3-14**、**表3.3-15**に示す。

## ２）混合消化モデル前後の年間収支の検討

混合消化モデルの前後で支出増となるのは、施設の建設費と運転費、電力料増加、生ごみの分別収集費である。一方、支出減となるのは、ごみ焼却施設での処理経費、焼却灰の最終処分費である。また、余剰ガスによる発電で、売電収入が期待できる。**表3.3-16**に混合消化導入後の年間の収支検討結果を示す。なお、建設費は、補助事業を活用し、生ごみ前処理設備と混合処理設備に対して50%が補助されるとした。**表3.3-16**に示すように、混合処理の導入により、FITを活用した場合で約23百万円/年の経費増になるという結果となった。

## ３）焼却施設更新時建設費の検討

生ごみを焼却処理から混合消化に変更することにより、ごみ焼却施設での処理量が現状の能力81.0t/日から61.1t/日に削減できるため、焼却施設の更新時には、規模を縮小することが可能となる。費用関数[4]を用いて建設費の削減額を試算すると、**表3.3-17**に示すように、建設費を約9億円、建設費年価を約57百万円/年削減できる。

したがって、混合消化導入モデルでは、収支の検討に示した増加額23百万円を差し引いた年間約34百万円の経費削減が可能となる。

## （4）CO₂排出削減効果

混合処理導入による$CO_2$排出量削減は、新規に導入したバイオガス発

表 3.3-17　Ｅ市モデルの更新時削減額の検討

| 項目 | 処理量（処理能力※3） | | 建設費※1<br>（百万円） | 建設費年価※2<br>（百万円/年） |
|---|---|---|---|---|
| | t/年 | t/日 | | |
| 混合処理導入前 | 29,600t/年 | 81.0t/日<br>(106t/日) | 4,509 | 274 |
| 混合処理導入後 | 22,300t/年 | 61.1t/日<br>(79.6t/日) | 3,570 | 217 |
| 削減額 | 削減量=7,260t/年 -19.9t/日 | | 939 | 57 |

※1：建設費＝-0.087×Q²+59.53×Q＋258　　Q=日処理量
※2：土木・建築の建設費を全体の25%、機械・電気関係建設費を全体の75%として算定
※3：処理能力：年間運転時間を280日/年として算定

電によるものである。下水処理施設における電力増加分を差し引いた分別生ごみ由来の新規発電量は、1,850－570＝1,280MWh／年であり、北海道電力の$CO_2$排出原単位を0.64 kg-$CO_2$/kWhとすると、$CO_2$排出削減量は、819 t-$CO_2$／年となる。ただし、生ごみの分別収集や、処分時の運搬で$CO_2$排出量の増加は、ここにはいれていないため、削減量は多少減少する。

（5）焼却施設への影響

　生ごみを分別収集することにより、焼却施設へ搬入する可燃ごみ量を減量する一方で、ごみ1トンあたりの発熱量は、10.0GJ／tから11.6GJ／tに増加すると試算された。このため、焼却施設における効率的なごみ発電が期待される。

（6）まとめ

①経済的効果：将来の焼却施設の更新時の差額を考慮すると、年間約34百万円の削減となり経済的であると試算された。一方、現時点でモデル事業を採用した場合、年間約23百万円の経費増加になる試算結果となった。なお、経済的効果は、FITの活用が前提であり、FITの動向を注視する必要がある。

②環境負荷低減効果：分別生ごみ由来の$CO_2$削減効果は819t-$CO_2$／年が期待できる。

③社会的要求事項：生ごみ分別収集の実現には、市民の理解と協力が必要である。試算では、生ごみ賦存量の80％の分別回収が可能と仮定している。

　本FSでは、廃棄物処理に関して、将来的な課題として焼却施設の更新時を考慮して、下水処理施設での分別生ごみの混合消化を対象としたが、将来、計画する場合にはさらに詳細な調査と検討が必要である。

第3章　廃棄物系バイオマスによるバイオガス事業のフィージビリティスタディ　　91

表 3.3-18　モデル事業の FS 検討の総括

| モデル地区 | 経済性評価 | | 環境評価 | |
| --- | --- | --- | --- | --- |
| | 事業収支（補助有） | バイオガス施設導入効果 | $CO_2$削減 t-$CO_2$/年 | 最終処分 |
| A町 人口：23,000人 処理規模：646t/日 家畜排泄物＋生ごみ 湿式メタン | プラス （FIT利用） | 【新規】 バイオガス施設 新設の事業性有 | 12,309 | 液肥として利用 |
| B市C町 人口：70,000人 処理規模：7.5t/日 対象：分別生ごみ 混合消化 | 若干 マイナス （FIT利用） | 既設に消化槽を新設 ・更新しない場合でも 既設延命化が期待 できる | 1,452 | 汚泥乾燥燃料 として利用。 最終処分量は ほぼゼロ |
| D市 人口：90,000人 処理規模：36.6t/日 対象：分別生ごみ 混合消化 | 焼却施設 更新時を 考慮すると 若干プラス | 【既設改良】 ・混合消化導入にて 下水道施設の経費削減 ・焼却施設の更新時に 規模が縮小可能 | 2,486 | コンポスト・セメント 原料に利用。最終処分 量はほぼゼロ |
| E市 人口：120,000人 処理規模：22.1t/日 対象：分別生ごみ 混合消化 | 焼却施設 更新時を 考慮すると 若干プラス | 【既設改良】 ・混合消化導入にて 下水道施設の経費削減 ・焼却施設の更新時に 規模が縮小可能 | 819 | ・分別生ごみから の生成汚泥は、堆肥 として利用 ・ごみ焼却量の減量に より焼却灰の最終処分 量も減少 |

### 3.3.5　モデル事業のFS検討の総括

3.3.1 ～ 3.3.4のFS検討の結果を**表3.3-18**に示す。

　**表3.3-18**に示すように、バイオガス施設の適用・事業化を行った場合、以下のことがわかった。

①経済性評価については、FITの活用により現状よりも効果が得られる。

②生ごみの分別収集により、分別収集コスト増となるものの焼却量減少による経費削減と発電効率の向上が期待できる。

③焼却施設更新時には、規模の減少に伴う建設費低減が期待できる。

④バイオガス発電により$CO_2$削減効果が期待できる

⑤発酵残渣を液肥、堆肥に利用できる場合は、焼却灰による最終処分量
　を低減できる。

## 3.4　第3章のまとめ

（1）関連施設との連携

　バイオガス事業にとって、他の社会インフラ施設との連携は、発酵不
適物等の処理、排水処理、バイオガス利用、熱利用、防災機能等のコス
ト軽減を図る上で重要である。他の社会インフラ施設としては、焼却施
設、し尿処理施設、下水処理施設、畜産排せつ物処理施設等がある。

　特に、バイオガス化施設から排出される発酵残渣の処理は、コスト的
にも重要な課題であり、下水処理事業との連携は、普及促進のために不
可欠な要件の一つであると考えられる。

（2）分別収集への住民協力

　バイオマスの分別収集・機械選別については、地域の現状を踏まえた
分別収集方法の選択が必要である。分別収集では、生ごみや紙ごみの分
別を住民や事業者等にゆだねる。機械選別では、収集された可燃ごみの
中から生ごみや紙ごみ等の発酵適物を選別する。

　分別収集の実施については、自治体の規模を勘案し、住民の理解や協
力を得ることが求められる。戸別収集方式や収集ステーション方式等の
収集形態に応じた異臭対策を検討し、住民の協力を得るための広報活
動、ＰＲ活動を実施することが非常に重要である。

（3）バイオガスの利活用

　生成したバイオガスの利用方法としては、ボイラ燃料による熱利用や
発電による電力利用等がある。FITを利用した売電は、事業採算性を向
上させる上で重要な要件である。FITを活用する場合には、関係省庁や
電力会社との協議が必要となるが、系統連携の迅速化や負担金の軽減、

手続きの簡略化が望まれている。また、バイオガスを精製し、メタンガスを主成分とするバイオメタンとしてガス自動車や都市ガス原料などへの利活用の拡大も望まれる。

（４）発酵残渣の利活用

発酵残渣の利用方法としては、堆肥化、乾燥汚泥化、助燃剤化等がある。これらの資源化技術の選択では、地域の資源、エネルギーのリサイクル関連施設やその需要に合わせた検討を図る必要がある。

（５）普及と啓発

バイオガス事業の認知度を高めるためは、廃棄物バイオマスの課題や環境負荷の低減について、広報等による普及啓発活動が重要である。また、バイオガス化施設整備について、循環型社会形成交付金等の国または都道府県による財政支援策の情報を周知し活用するとともに、法体系の見直しや財政支援等の継続した施策推進が必要である。

廃棄物系バイオマスを原料としたバイオガス事業のフィージビリティースタディを行ってきた。その中で、バイオガス事業を推進するためには、まずは事業主体による強いインセンティブが必要である。特に、既にインフラが整い、敢えてバイオガス事業に踏み込んでいく必要のない自治体も、将来的には事業性を検討する必要がでてくる。このため、現在進められているFITは、事業採算性を検討する上でバイオガス事業の普及促進に有効である。一方で、FITが終了した場合のバイオガス事業の存続条件を想定しておく必要もある。バイオガス事業を普及促進するためには、まずバイオガス事業が地球温暖化防止や環境対策に貢献でき、また分散型の再生可能エネルギーの生産拠点として寄与できるという理念を共有し、自治体や住民の協力および関連施設との連携を図る必要がある。

**第３章の参考文献**

1 ）環境省：廃棄物系バイオマス利活用導入マニュアル、2017
2 ）廃棄物処理施設に関する市の方針（B市資料），2017.6
3 ）（財）下水道新技術推進機構：下水処理場へのバイオマス（生ごみ等）受入マニュアル，2011
4 ）（財）下水道新技術推進機構：メタン活用いしかわモデル導入の手引き～小規模下水処理場における混合バイオマスメタン発酵システム～，2015

# 第4章 最終処分システムを組み込んだ広域連合型事業の提案

　北海道は、森林、農業、畜産業、漁業等に係るバイオマス資源が全国的にも有数に多く排出されているとともに、広大な土地と人口密度の低さに由来するのか生ごみを埋立処分している地方自治体が残っている。

　そこで、生ごみ等のバイオマス資源を埋立処分している地域に着目して、これらを利活用するバイオガス化施設を最終処分場に併設して、自治体間の広域化と各種バイオマス排出業種の連携（ここでは、広域化と他業種連携を併せた事業形態を「広域連合型事業」という。）を通じて、バイオマス資源の利活用拡大と温室効果ガス排出量削減の可能性を検討した。

　このような事業は、バイオコミュニティ開拓構想（Advanced Bio-Community Dream、略称ABC構想）のコンセプトである「バイオマスの利活用を実践するために、バイオリサイクル技術の研究開発、実機運転・施設設置から事業化まで、技術とシステムが集積した総合情報発信基地を作ること」[1]につながるものといえる。

## 4.1　最終処分システムの課題と提案の背景

### 4.1.1　道内の最終処分システムからみたバイオマス利活用の課題

（1）バイオマス利活用の現状

１）一般廃棄物

　道内の一般廃棄物の処理状況を**表4.1-1**[2]に示す。北海道の（総）資源化率は全国平均より大きく、比較的資源化は進んでいるとみられるが、一方で埋立率は19.7％と全国平均値より2倍も大きくなっており、埋立依存傾向であることがわかる。

　**図4.1-1**は、埋め立てられているごみの種類の割合を示したものである。北海道では、混合ごみと可燃ごみの割合が約20％と全国値（約2％）

表 4.1-1　北海道における一般廃棄物処理状況 [2)]

| 項目 | ごみ量 | 集団回収 | 計 | 焼却量 | 埋立量 | 埋立量 | 総資源化量 |
|---|---|---|---|---|---|---|---|
| ごみ量<br>(千t/年) | 1,818.1 | 145.2 | 1,963.3 | 1,199.9 | 331.1 | 358.2 | 476.3 |
| 構成比※ | 100% | (7.4%)<br><5.6%> | (100%) | 66.0%<br><83.4%> | 18.2%<br><15.8%> | 19.7%<br><10.3%> | (24.3%)<br><20.6%> |

※( )は、ごみ量+集団回収を分母とした値、他はごみ量を分母とした値を示す。また< >は、全国平均値を示す。

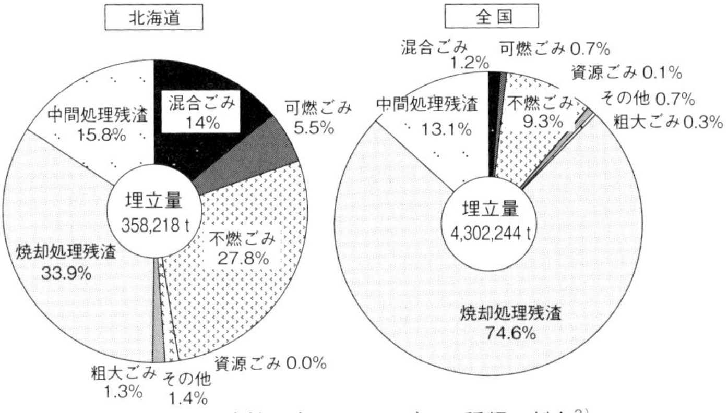

図 4.1-1　直接埋立におけるごみの種類の割合 [2)]

に比較して非常に高く、生ごみを含む有機物を埋め立てている。

２）産業廃棄物

　北海道における産業廃棄物ごとの排出量、中間処理量、最終処分量、再生利用量を**図4.1-2** [3)] に示す。再生利用に着目すると、汚泥の再生利用率は6.8％と低い状況にあり、木くずや動植物性残渣は約95％と再生利用が進んでいる。排出量の半分を占める動物のふん尿（家畜ふん尿）の再生利用率は73.9％で比較的利用は進んでいるといえるが、排出量が他の廃棄物より非常に多いことから、さらに利用率を高めるためには堆肥や燃料等、カスケード利用の検討が望まれる。

　一方、「北海道の下水道」 [4)] によれば、平成25年度の下水汚泥の発生量は約459万tで、中間処理を経て約14万tが処分されている。処分の内

第4章　最終処分システムを組み込んだ広域連合型事業の提案

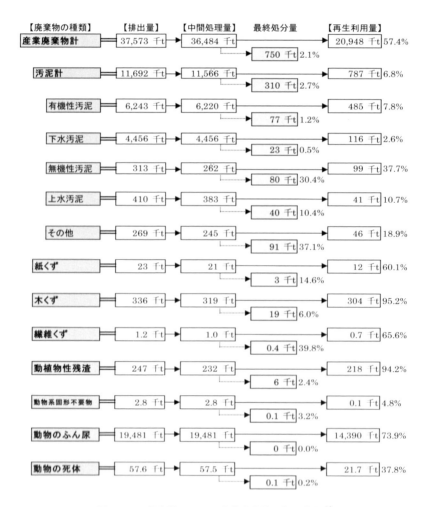

図 4.1-2　北海道における産業廃棄物の処理状況[3]

訳は緑農地利用が56.0%、建設資材が29.2%、埋立処分が8.2%となっている（**図4.1-3**）。

3）家畜ふん尿

　北海道内の鶏を除く家畜飼養頭数と推定したふん尿量を**表4.1-2**及び

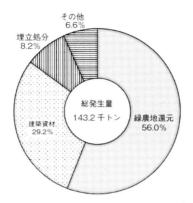

図 4.1-3　北海道の下水汚泥処分状況[4]

表 4.1-2　北海道における家畜飼養頭数[5]と家畜ふん尿量

| 種　類 | 乳用牛 | 肉　用　牛 ||  豚 | 馬 | めん羊 | 計 |
||||||||| 
|  |  | 繁殖雌牛 | 肉用肥育牛 |  |  |  |  |
| 飼養頭数<br>(千頭) | 814.4 | 97.3 | 261.4 | 392.0 | 8.8 | 10.1 | 1,584.2 |
| ふん尿量<br>※<br>(千t/年) | 11,484 | 895 | 2,431 | 1,176 | 89 | 13 | 16,089 |

※家畜ふん尿量は、「農林水産省畜産局畜産経営課：家畜排せつ物の管理の適正化及び利用の促進に関する法律の運用について、平成11年11月1日課長通知」より種類ごとの平均値の原単位を使用して算出した。

**図4.1-4**に示す。北海道での家畜飼養頭数の半数が乳用牛で、その中で乳用牛のふん尿量は全体ふん尿量の7割を占めている。北海道では乳用牛の家畜ふん尿のカスケード利用や高度利用が重要といえる。

4）農業・林業系未利用バイオマス

**表4.1-3**に北海道の間伐の状況を、**図4.1-5**に北海道の稲わら・籾がらの利用状況を示す。

年間1,500千m³の国有林が間伐されているが、その内33千m³が利用されず放置されているものと見られる。最も間伐量の多い民有林の放置残材量は不明であるが、間伐材積からみて国有林以上に放置されていると考えられる。

第4章 最終処分システムを組み込んだ広域連合型事業の提案

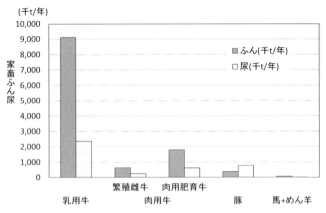

図 4.1-4 北海道における家畜ふん尿量（推定）

表 4.1-3 北海道における間伐状況[6]

| 林　種 | 間伐面積 ha | 材　積 千m³ | 立木販売 千m³ | 生産資材 千m³ | 差　分 千m³ |
|---|---|---|---|---|---|
| 国 有 林 | 22,108 | 1,500 | 403 | 1,064 | 33 |
| 道 有 林 | 4,157 | 465 | 465 | | 0 |
| 民 有 林 | 23,045 | 2,875 | ― | ― | ― |
| 計 | 49,310 | 4,840 | 868 | 1,064 | ― |

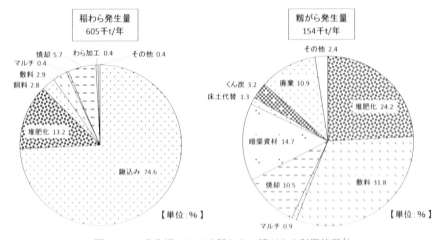

図 4.1-5 北海道における稲わら・籾がらの利用状況[7]

稲わらの利用は、**図4.1-5**に示すように約75％が鋤き込みとなっており、他の利用が望まれる。また、籾がらは、敷料や暗渠資材、堆肥化など種々の利用がなされているが、廃棄と焼却を合わせると約20％あり、さらなる利用の検討が必要である。

（２）温室効果ガス排出の実態

北海道内における温室効果ガスの発生量は、約7千万tと、全国の約5％を占める。発生量の内訳は、産業部門で約3割、民生部門（家庭及び業務）で約4割を占めており、廃棄物の焼却や埋立等の廃棄物部門では1％未満である[8]。北海道地球温暖化対策推進計画によれば、道の温室効果ガス削減目標は、平成2年度を基準年とし、平成32年までに7％の削減であり、その量は456万tとなる。廃棄物部門の占める発生量に対する割合は小さいが、この削減目標に対して貢献することが必要となる。

## 4.1.2　MBT導入によるバイオマス利活用の狙い

北海道内の少数の自治体では、有機物が含まれると考えられる可燃ごみや混合ごみを焼却せずに直接埋立している[2]。有機物の埋立は、埋立地浸出水の水質を長期的に悪化させるだけでなく、嫌気性条件下において温室効果ガス（メタンガス）発生の原因となる。そのため EUでは、EU埋立指令（1999/31/EC）において、微生物分解性の都市ごみの埋立量を削減することを目標に、これらのごみのリサイクルやエネルギー回収を行う必要があるとしている[9]。ドイツではこの指令に先駆けて、最終処分場へ埋め立てる有機物量の基準を設け、中間処理技術として機械的・生物的処理（Mechanical Biological（Pre-）Treatment、以降MBTとする。）をオプションの一つとして位置づけている[10]。

MBTとは、機械的選別によって混合ごみからプラスチックや紙、金属類を選別したのち、好気(嫌気)性微生物により残渣中の有機物を分解する処理を指す。日本においても、循環型社会形成の観点及び最終処分場のひっ迫の問題から直接埋立量を削減することが求められている。そ

## 第4章 最終処分システムを組み込んだ広域連合型事業の提案

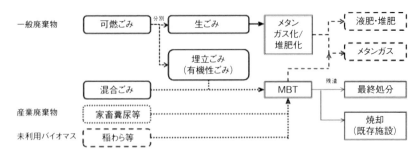

図4.1-6 MBT導入による埋立ごみ及びバイオマスの処理フロー

のため直接埋立されているごみに対してMBTを導入（埋立ごみから有機物を回収し、メタン発酵処理を行う）することにより、バイオマスの有効利用（エネルギー回収）ができるだけでなく、埋立地における温室効果ガス発生を低減できると考えられる。しかし、小規模自治体においては、特に一般廃棄物のみでは処理量が少なく、直接埋立に比べて経済的に見合わないことが想定される。そのため、複数の自治体での広域連携が考えられる。一方で、メタン発酵に適した廃棄物系バイオマスは、一般廃棄物と別ルートで管理されているのが実情である。例えば、地域特性に応じて動植物性残渣や家畜ふん尿などの多量に発生する産業廃棄物や、農地に鋤き込みされる稲わら等の農業残渣、林地残材が挙げられる。そこで図4.1-6に示すように、複数の廃棄物や未利用バイオマスを埋立地に設置するメタン発酵施設を含むMBT施設で同時に処理することにより、スケールメリットが期待される。特に稲わらは、ほとんどが鋤き込みされており、メタンガスの発生源になることから、適切な管理が望まれる。

このような観点から、最終処分システムを組み込んだ広域連合型事業（以下、「広域連合型最終処分システム」と略す。）の検討を行った。

## 4.2 広域連合型最終処分システムの検討方法

広域連合型最終処分システムの検討は、以下のとおりである。

### 4.2.1 検討の流れ

広域連合型最終処分システムの検討は、最初に北海道内においてバイオマス資源を埋立処分している複数の自治体または振興局を選定し、バイオマス利活用の現状と、それによる温室効果ガス排出の現状を把握し、この現状を改善するための検討を実施した（**図4.2-1**）。

（1）検討対象地域の選定

検討対象地域は、道内における廃棄物の処理状況、畜産ふん尿の処理・資源化状況、稲わら等の処理状況を勘案して3地域を選定した。

（2）バイオマス利活用の現状の把握

一般廃棄物の収集品目と方法、処理フロー、ごみの組成及び処理経費、産業廃棄物の種類別処理量、再生利用量及び最終処分量、間伐材伐採量と生産・販売量、稲わら・籾がらの発生量と利用状況、家畜ふん尿の発生量について整理した。

（3）温室効果ガス排出量の把握

上記で整理したバイオマスの処理に伴い発生する温室効果ガス排出量について、主として「温室効果ガス総排出量算定方法ガイドライン[11]」（環境省、2015年4月）の原単位を使用して算定した。

（4）ケーススタディ

ケーススタディは、各地域に対して、埋立処分されている厨芥類等バイオマスを対象としてMBTを追加するケースを基本として、各地域の

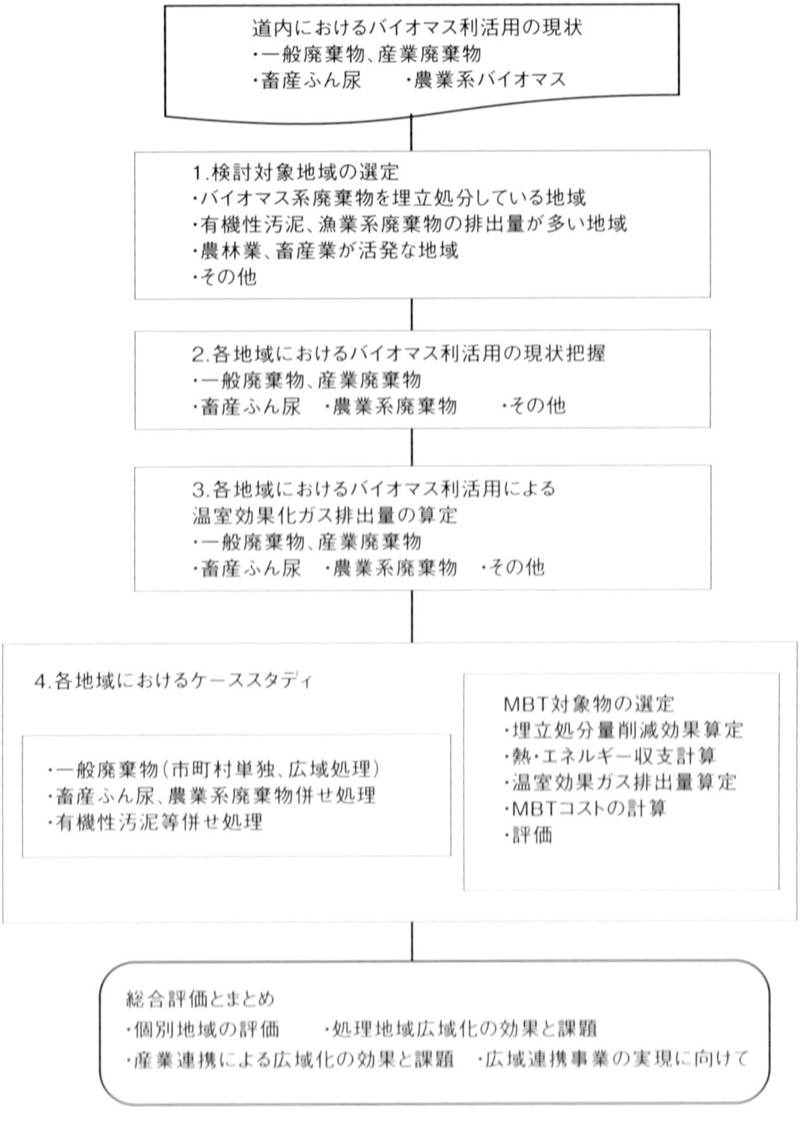

第4章　最終処分システムを組み込んだ広域連合型事業の提案　　103

道内におけるバイオマス利活用の現状
・一般廃棄物、産業廃棄物
・畜産ふん尿　　・農業系バイオマス

1.検討対象地域の選定
・バイオマス系廃棄物を埋立処分している地域
・有機性汚泥、漁業系廃棄物の排出量が多い地域
・農林業、畜産業が活発な地域
・その他

2.各地域におけるバイオマス利活用の現状把握
・一般廃棄物、産業廃棄物
・畜産ふん尿　・農業系廃棄物　　　・その他

3.各地域におけるバイオマス利活用による
温室効果化ガス排出量の算定
・一般廃棄物、産業廃棄物
・畜産ふん尿　・農業系廃棄物　　・その他

4.各地域におけるケーススタディ

・一般廃棄物（市町村単独、広域処理）
・畜産ふん尿、農業系廃棄物併せ処理
・有機性汚泥等併せ処理

MBT対象物の選定
・埋立処分量削減効果算定
・熱・エネルギー収支計算
・温室効果ガス排出量算定
・MBTコストの計算
・評価

総合評価とまとめ
・個別地域の評価　　・処理地域広域化の効果と課題
・産業連携による広域化の効果と課題　・広域連携事業の実現に向けて

図 4.2-1　広域連合型最終処分システムの検討フロー

特色を勘案して、広域化して一般廃棄物のMBTを行うケース、これに
稲わら、家畜ふん尿、産業廃棄物中のバイオマスをそれぞれまたは併せ
て追加するケース等を設定した。これらのケースごとに、埋立処分され
ているバイオマス量をごみ等の組成により把握し、MBTを行うことに
よる埋立処分量の削減効果、MBTによる熱・エネルギー収支の計算、
同じくMBTによる温室効果ガス排出量の計算を行い、MBTの有無によ
るコストを計算した。

（5）総合評価とまとめ

　上記のケーススタディの結果を受けて、各地域ごとに単独または広域
化した一般廃棄物のMBTによる効果、稲わらや家畜ふん尿等異なる業
態から発生するバイオマスを合わせてMBTした場合の効果について評
価するとともに、MBTを推進するために必要な対応や課題について取
りまとめた。

## 4.2.2　ケーススタディの方法

　道内の異なる地域における直接埋立ごみや産業廃棄物、未利用バイオ
マスを対象に、MBT施設を最終処分場に隣接して導入した場合の温室
効果ガス排出量及び経済性についてケーススタディを行った。その方法
は以下のとおりである。

表 4.2-1　直接埋立ごみの代表的組成と含水率

| 項　　目 | 厨芥類 | 紙類 | 繊維類 | 草木類 | プラ・ゴム・皮革・金属 | その他 |
|---|---|---|---|---|---|---|
| 組成（%）[12] | 43 | 34.3 | 3.7 | 5.2 | 12 | 2 |
| 含水率（%）[13] | 75 | 20 | 20 | 45 | 0 | 35 |

第4章　最終処分システムを組み込んだ広域連合型事業の提案　　105

（1）ケーススタディのMBTフローと評価範囲
　図4.2-2と図4.2-3に示すように、受け入れた廃棄物を粒度選別・破砕選別し、発酵不適物からは金属を手選別で回収し、残渣を既存の処理施設で処理・処分を行う。選別ごみ（発酵対象ごみ）はメタン発酵施設でバイオガスを回収し発電する。メタン発酵施設の残渣を脱水後、液体は液体肥料として、固形物は二次発酵したうえで堆肥として農地還元する。選別設備、メタン発酵施設は新設とする。また、廃棄物受け入れ後から発酵不適物等の埋立までを評価範囲とする。
　なお、MBTを行う場合は、発熱量の高い紙・プラスチック・木材などを回収し、RDF（Refuse Derived Fuel、廃棄物固形燃料）やSRF（Solid Recovered Fuel、RDFよりも発熱量などより高品位な廃棄物固形燃料）を製造することもあるが、ここでは検討対象外としている。

（2）直接埋立ごみの組成と含水率
　直接埋立されているごみの組成と含水率は、各自治体の一般廃棄物処理基本計画等に記載された値、または代表的な値（表4.2-1）を用いた。

（3）MBT対象選別ごみ量
　機械選別による選別率を「廃棄物系バイオマス利活用導入マニュアル

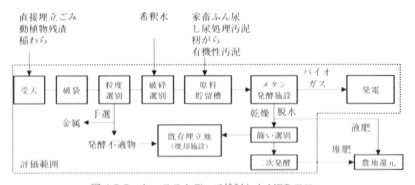

図4.2-2　ケーススタディで検討したMBTフロー

[13)]」（環境省、平成28年3月）や㈱大原鉄工所の実績データを基に設定し、受入ごみの組成別に発酵不適物と選別ごみ量を算出した。

（4）バイオガス回収利用と残渣量の計算
（3）で得られたごみ量に有機物比率（VS）、VS分解率、メタン発生効率（**表4.2-2**）を乗じて、メタンガス発生量を組成ごみ別に算出した。

メタンガス量 ＝ （投入ごみ量t-TS）×（有機物比率＝t-有機物/t-TS）×（VS分解率÷100）×（メタンガス発生効率Nm$^3$/t-VS）

発酵残渣量は、投入ごみ量からVS分解量を差し引き、脱水後の含水率を60%として組成別に算出した。

$$脱水後の発酵残渣量 = \frac{（投入ごみ量 t-TS）×（1-VS分解率÷100）}{（1-0.6）}$$

（5）埋立処分量の計算
（3）で算出した発酵不適物を埋立処分量とした。また、焼却施設における焼却残渣の発生原単位を焼却量に対して17%とした。

（6）熱・エネルギー収支の計算
メタン発酵施設の稼動日数を365日とし、（4）で得られた組成ごみ別のメタンガス発生量の合計から1日当たりのメタンガス発生量を算出し、以下の式を用いてバイオガス発電量（kWh/日）を算出した。
バイオガス発電量 ＝ （メタン発生量Nm$^3$/日）×（メタンガス発熱量37.18MJ/m$^3$）×（発電効率0.35）÷ 3.6（MJ/kWh）
所内消費電力量は、廃棄物系バイオマス利活用導入マニュアル[13]より投入ごみ量当たりの消費電力量を設定し、算出した。
所内消費電力量 ＝ 150（kWh/t）×（投入ごみ量t）

第4章　最終処分システムを組み込んだ広域連合型事業の提案　　107

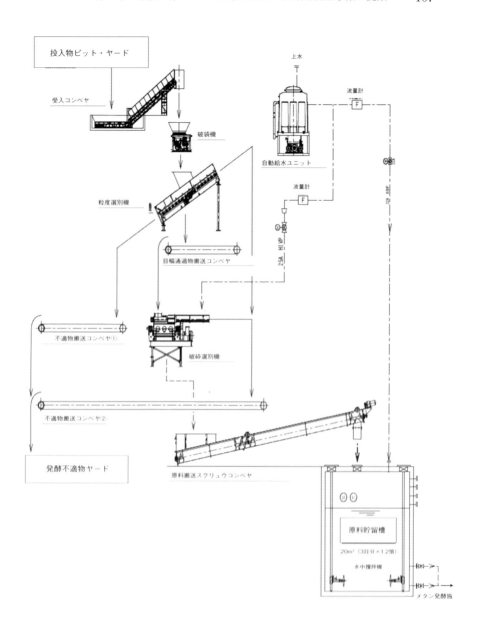

図 4.2-3　破袋選別処理システム系統

（7）温室効果ガス排出量の計算

**表4.2-3**に示した温室効果ガス排出係数を用いて、MBT導入前の処理システムにおける温室効果ガス排出量と、MBT導入後のMBTと埋立処分における温室効果ガス排出量を算出した。

表 4.2-2　ごみ別の有機物比率、VS分解率、メタンガス発生効率 [13]

| 組　成 | 有機物比率<br>（t - 有機物<br>/t - TS） | VS分解率<br>（%） | メタンガス<br>発生効率<br>（$Nm^3$ /t - VS） |
|---|---|---|---|
| 厨芥類 | 0.95 | 85 | 550 |
| 紙類 | 0.96 | 66 | 490 |
| 繊維類* | 0.90 | 20 | 85 |
| 草木類 | 0.90 | 20 | 85 |
| し尿処理汚泥* | 0.80 | 50 | 550 |
| 有機性汚泥* | 0.80 | 50 | 550 |
| 家畜ふん尿 | 0.85 | 45 | 500 |
| 動植物性残渣* | 0.95 | 80 | 550 |
| 稲わら・籾がら* |  | 20 | 85 |

＊ 出典[13] を参考に設定した値

表 4.2-3　温室効果ガス排出係数

| 管　理 | | $kg-CO_2$/t-dry | $kg-CH_4$/t-dry | $kg-N_2O$/t-dry |
|---|---|---|---|---|
| 埋立 | 厨芥類<br>（動植物残渣）* | - | 145 | - |
| | 紙類 | | 136 | |
| | 繊維類 | | 150 | - |
| | 草木類<br>（籾がら・稲わら）* | - | 151 | |
| 焼却 | プラスチック | 2,765 | 0.00095 ** | 0.0567 ** |
| | ごみ（バイオマス）* | 775 | | |
| 家畜ふん尿管理 * | | 15.56 | 1.29 | |
| 堆肥化（メタン発酵残渣） | | - | 10 | 0.6 |

＊一部の値については出典[11] を基に設定、＊＊単位は湿潤重量ベース

# 第4章 最終処分システムを組み込んだ広域連合型事業の提案    109

（8）経済性（コスト）の計算

①メタン発酵施設

　メタン発酵施設の建設費は道内の類似施設の単価より、人件費、維持補修費は廃棄物系バイオマス利活用導入マニュアルに示された単価に基づいて算出した。

- ・建設費（千円/年）＝ 20,000千円/t × 減価償却率1/15 ×（処理量t/日）
- ・人件費（千円/年）＝ 7.5（千円/t）×（ごみ投入量t/日）×365（日/年）
- ・維持補修費（千円/年）＝ 9.4（千円/t）×（ごみ投入量t/日）×365（日/年）

　（6）で算出した発電量と所内消費電力量を用いて電力使用料を算出した。電力使用料が負値になるときは売電による収益となる。売電単価は、固定価格電力買取制度（FIT）の利用を前提に、平成29年度時点の価格を用いた。

- ・売電料（千円/年）＝ 39（円/kWh）×（発電量－所内消費電力量 kWh/日）× 365（日）

　粒度選別と手選別で回収した金属の売却費は、買取単価10,000円/tとして計算した。

- ・資源売却費（千円/年）＝ 10（千円/t）× 金属回収量（t/年）

　MBT導入前後での最終処分量削減により最終処分場を延命化できるとし、その便益単価を一般廃棄物最終処分場の平均的建設単価から20,000円/tとし、最終処分延命費を算出した。

- ・最終処分延命費（千円/年）＝ 20（千円/t）×（MBT導入前後の埋立処分量の差t-wet/年）

　なお、メタン発酵施設はFITによる売電を前提としているため、循環型社会形成推進交付金は計上していない。

②破砕選別施設

　建築費は、原料貯留槽、発酵不適物ヤード及び機械設備設置面積に、一般的な面積当たり建設単価を乗じて算出した。また、建築物の維持補

修費は、建設費の3%とした。

・建設費（千円/年）＝ 240（千円/m²）× 建屋面積（m²）×（減価償却率 1/15）
・維持補修費(千円/年) = (建築物建設費千円/年) × 0.03
・建屋面積（m²）＝（原料貯留槽m²）＋（発酵不適物ヤードm²）＋機械設備設置面積350 m²/ライン）
・原料貯留槽設置面積（m²）＝ 日処理量（t/日）÷（原料比重0.12 t/m³）×貯留日数（3日）÷ 貯留槽高さ（2m）
・発酵不適物ヤード（m²）＝ 原料貯留槽面積（m²）× 0.6

　選別施設の費用については、**図4.2-3**に示したシステムに基づいて5t/hrを1系列とし、㈱大原鉄工所の積算により、**表4.2-4**のとおり設定した。また、建築物及び破砕選別施設の整備は、その費用の1/2を循環型社会形成推進交付金が交付されることとしている。


③廃棄物処理に係る料金等

　一般廃棄物以外の廃棄物は、処理費用として以下の価格を徴収することとしている。

・家畜ふん尿：12,340円/頭（23t/年・頭のふん尿として、536円/t、鹿追町実績より）
・動植物性残渣：15,430円/t（鹿追町実績より）
・有機性汚泥：15,430円/t（鹿追町実績より）
・稲わら：無料受入
・液肥、堆肥：無料配布


表 4.2-4　ケーススタディに用いた破砕選別施設の能力と費用

| 処理能力 | 最大稼働時間 | 建設費（千円/年） | 電力使用料（千円/年） | 人件費（千円/年） | 維持補修費（千円/年） |
|---|---|---|---|---|---|
| 5t/hr | 8hr/日 | 17,974 | 4,500 | 10,000 | 8,088 |

第4章　最終処分システムを組み込んだ広域連合型事業の提案　　111

　次項で選定したC地域においては、焼却施設における維持管理及び委託費を実績値により以下のように設定した。

　・26,000円/t 〜 32,000円/t

## 4.3　広域連合型最終処分システムのケーススタディ

　本節では、広域連合型最終処分システムの可能性を把握するため、条件の異なる地域を選定して、一般廃棄物に加えて家畜ふん尿や農業系バイオマス、産業廃棄物を併せ処理するケース等による事業の収益性と温室効果ガスの削減効果について示す。

### 4.3.1　ケーススタディの対象地域

　北海道内における産業形態や地域性をもとに、ケーススタディの対象地域として3ヶ所を選定した。北海道の産業は全国と比較して全般的に畜産業、耕作農業、水産業等の一次産業とサービス業の割合が高く、製造業や卸・小売業、金融保険業などは低い傾向にある。このため各地域にわたって、農業・林業系の未利用バイオマスや、家畜ふん尿を中心とした廃棄物系バイオマスが多く排出され、その賦存量は他都府県より多いといわれている。しかし北海道内で着目するとバイオマスの種類や量は地域によって大きく異なるため、ケーススタディにおいては、この違いを考慮し選定する必要がある。さらには、居住地域の規模（人口）の要件も加味し対象地域の選定を行った。選定のポイントとしては、①大都市周辺地域（処理量が多い）、②酪農地域（家畜ふん尿が多い）、③農村地域（農業系バイオマスが多い）、④漁村地域（漁業系バイオマスが多い）などの廃棄物やバイオマスの種類に関わるものと、⑤広域化が進んでいいない地域、⑥有機物を埋め立てている地域などの処理実態に着目し、**表4.3-1**の地域を選定した。

表 4.3-1　ケーススタディの選定地域

| 選定地域 | 広域連合の対象人口 | 廃棄物・バイオマスの種類 | 処理の実態 |
|---|---|---|---|
| A | 約 12 万人 | ・大都市周辺地域<br>・水田・畑作、畜産 | ・有機物埋立 2 市<br>・広域化遅れている |
| B | 約 6 万人 | ・農山漁村地域<br>・畜産・畑作が中心。漁業あり | ・有機物埋立 2 市町<br>・広域化遅れている |
| C | 約 4 万人 | ・農山漁村地域<br>・水田・畑作が中心。畜産・漁業あり | ・有機物埋立ほとんどなし<br>・広域化進んでいる |

## 4.3.2　A地域におけるケーススタディ

### （1）A地域の概要

　A地域は、8都市で構成される総人口42万の大都市近郊のベットタウン的地域であるが、都市近郊の農業や乳用牛の飼育も盛んである。

### （2）バイオマス利活用の概要

　A地域における一般廃棄物の処理フローを**図4.3-1**に示す。A地域では、2都市が一般廃棄物中の生ごみを分別収集してバイオガス化する施設を有しており、その2都市は生ごみ以外のごみを埋立処分している。他の自治体は、生ごみ等有機物は焼却処理して残渣を埋立処分している。したがって、可燃性廃棄物や生ごみ処理残渣が埋立処分されていることがバイオマス資源有効利用の点、埋立処分場における浸出水質や埋立ガスの悪化、及び温室効果ガス発生の観点からみた課題といえる。

　また、可燃性廃棄物と不燃性廃棄物の組成（**図4.3-2左**）をみると厨芥類と紙類で約2/3を占め、生ごみバイオガス化を行っている2都市が埋め立てている廃棄物にも22%の厨芥類と41%もの紙類が混入している（**図4.3-2右**）。

　し尿や下水は、下水処理場で処理され、汚泥はバイオガス化や堆肥化・農地還元されており、埋立処分はわずかである。

第4章 最終処分システムを組み込んだ広域連合型事業の提案　　113

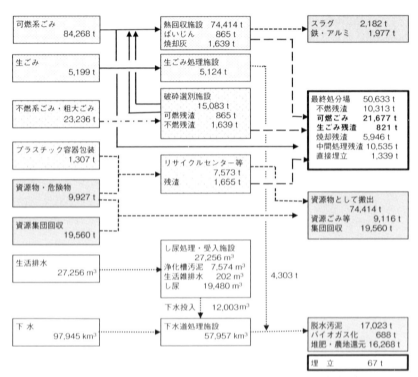

図 4.3-1　A地域における一般廃棄物処理フロー（2014）[2,4,14]

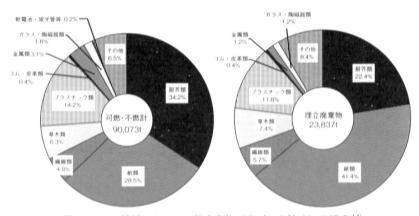

図 4.3-2　A地域における一般廃棄物（生ごみを除く）の組成[14]

114

　同様に産業廃棄物の埋立処分量をみると、有機性汚泥や木くず等は排出量の数%程度が埋立処分されているので、この有効利用が課題となる（**表4.3-2**）。

　林業では、国有林は年間97千m³が伐採されているが、13千m³が販売や資材として利用されておらず放置されているものと思われる（**表4.3-3**）。

　稲わらや籾がらは、年間5万t程度発生し、その56%が鋤き込みされている。次いで堆肥化や敷料としての利用が15%程度である（**図4.3-3**）。

表 4.3-2　有機性産業廃棄物の処理状況（2013）[3]

| 産業廃棄物 | 排出量 | 中間処理量 | 再生利用量 | 最終処分量 |
|---|---|---|---|---|
| 合　計 | 1,371.7 | 1,319.5 | 687.5<br>(52.1%) | 69.5<br>(5.3%) |
| 汚泥計 | 577.5 | 563.4 | 42.3<br>(7.5%) | 29.3<br>(5.2%) |
| 有機性汚泥 | 122.0 | 120.3 | 13.3<br>(11.1%) | 5.7<br>(4.7%) |
| 下水汚泥 | 367.8 | 367.8 | 9.5<br>(2.6%) | 1.9<br>(0.5%) |
| 無機性汚泥 | 37.9 | 29.5 | 12.6<br>(42.7%) | 12.7<br>(42.9%) |
| 上水汚泥 | 32.0 | 29.8 | 3.2<br>(10.7%) | 3.1<br>(10.4%) |
| その他汚泥 | 17.9 | 16.0 | 3.6<br>(22.8%) | 6.0<br>(37.4%) |
| 紙くず | 3.5 | 3.1 | 2.6<br>(83.6%) | 0.3<br>(9.3%) |
| 木くず | 23.9 | 23.4 | 21.4<br>(91.6%) | 1.4<br>(6.2%) |
| 動植物性残渣 | 26.1 | 21.9 | 19.9<br>(90.7%) | 0.4<br>(1.7%) |

表 4.3-3　A 地域における間伐の状況 [6]

| 間伐林 | 面　積<br>（ha） | 材　積<br>（千m³） | 生産資材<br>（千m³） | 差　分<br>（千m³） |
|---|---|---|---|---|
| 国有林 | 1,327 | 97 | 84 | 13 |
| 民有林 | 261 | 17 | － | － |
| 計 | 1,588 | 114 | 84 | 30 |

第4章　最終処分システムを組み込んだ広域連合型事業の提案　　115

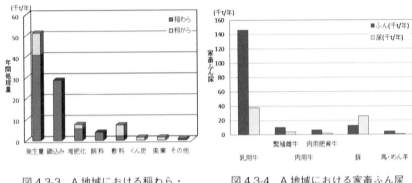

図4.3-3　A地域における稲わら・籾がらの発生・処理状況[7]

図4.3-4　A地域における家畜ふん尿の状況[5]

また、廃棄も3%程度あり、より一層の資源化が望まれる。
家畜ふん尿は、飼養頭数から推定すると、牛、豚、馬及びめん羊で、年間25万t程度が発生している（**図4.3-4**）

（3）廃棄物等処理に係る温室効果ガス排出の実態
　廃棄物処理や家畜ふん尿・稲わら等の処理に伴い排出される温室効果ガス量を**表4.3-4**と**図4.3-5**に示す。産業廃棄物の収集運搬と中間処理については、走行距離や車両台数、処理方法別の量等が把握できなかったこと、後述するケーススタディにおいて産業廃棄物の収集運搬方法や中間処理方法に変更を加えないことを前提にしていることから、計算対象外としている。
　A地域における温室効果ガスの総排出量は約9万t/年であり、一般廃棄物処理が56%（そのうち、31%が埋立処分由来）を占め、次いで家畜ふん尿の22%、稲わら・籾がら処理の12%である。特に、カーボンニュートラルであるため温室効果ガスの算定対象としない厨芥類や紙くず・木くず等の一般廃棄物中に含まれるバイオマス資源の焼却に伴う温室効果ガスの排出量を勘案すると、一般廃棄物の焼却に伴い排出される温室効果ガスが約1/2を占めていることがわかる。

表 4.3-4　A地域の廃棄物等処理に係る温室効果ガス排出量

| 種　類 | | 排出量<br>(t-CO₂/年) | 構成比<br>(％) | 構成比2<br>(％) |
|---|---|---|---|---|
| 一般<br>廃棄物 | 収集運搬 | 1,100 | 1.3 | 0.8 |
| | 焼却処理 | 21,800<br>(70,000) | 24.3 | <br>50.8 |
| | 埋立処分 | 27,400 | 30.6 | 19.9 |
| | 計 | 50,300<br>(98,500) | 56.1 | <br>71.5 |
| 産業廃棄物 | 埋立処分 汚泥 | 6,900 | 7.7 | 5.0 |
| | 　　　　 木くず | 1,500 | 1.7 | 1.1 |
| | 　　　　 計 | 9,100 | 10.1 | 6.6 |
| 家畜<br>ふん尿 | 乳用牛 | 14,100 | 15.7 | 10.2 |
| | 肉用牛 | 2,700 | 3.0 | 2.0 |
| | 豚 | 2,700 | 3.0 | 2.0 |
| | 計 | 19,600 | 21.8 | 14.2 |
| 稲わら・<br>籾がら | 鋤き込み | 5,200 | 5.8 | 3.7 |
| | 廃棄 | 5,300 | 6.0 | 3.9 |
| | 計 | 10,700 | 12.0 | 7.8 |
| 合　計 | | 89,700<br>(157,900) | 100.0 | 100.0 |

※焼却処理の上段は、プラスチックを対象とした値。下段は厨芥類等のバイオマスを対象とした値。植物残渣はカーボンニュートラルのため通常温室効果ガスの算定には含めないが、ここではバイオマス資源の有効活用による温室効果ガスの削減量を算定するため参考として算定した。

※産業廃棄物の収集運搬や焼却処理による温室効果ガス量は、走行距離や処理方法が不明であるため算定していない。

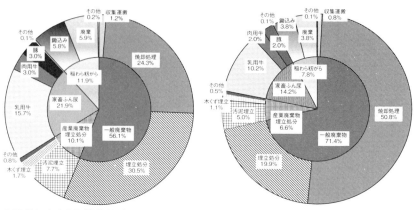

　○焼却によるCO₂算定がプラスチックのみ　　　　○バイオマス由来CO₂も算定

図 4.3-5　A地域の廃棄物等処理に係る温室効果ガス排出量

第4章 最終処分システムを組み込んだ広域連合型事業の提案　117

　したがって、温室効果ガスの削減とバイオマス資源の有効活用の観点からは、一般廃棄物処理（特に可燃物の埋立処分）に伴う排出量の削減とともに、家畜ふん尿や稲わらの高度活用が課題といえる。


（4）ケースの選定

　前項で述べたように、A地域の課題は、生ごみバイオガス化を行っているものの、分別できない厨芥類が埋立処分されている2都市の埋立処分対象バイオマスの有効活用である。また、家畜ふん尿や稲わら等の活用も重要である。

　そこで、ケーススタディは、下記のケースを設定した。

①ケース1：可燃性廃棄物を埋立処分している都市（人口6万人）が単独でMBTを導入するケース

②ケース2：可燃性廃棄物を埋立処分している2都市（人口12万人）が共同でMBTを導入するケース

③ケース3：ケース2に加えて稲わらと家畜ふん尿（最も量の多い乳牛を対象とした）の10%を処理するケース

④ケース4：ケース2に加えて稲わらと産業廃棄物の動植物性残渣を処理するケース

⑤ケース5：ケース2に加えて稲わらと産業廃棄物の動植物性残渣及び有機性汚泥を処理するケース


（5）ケーススタディの結果

　ケーススタディで設定したメタン発酵施設の規模及び得られるバイオガス熱量と発電量・売電可能量を**表4.3-5**に示す。

　ケーススタディの結果から、温室効果ガスの削減効果、埋立処分場の延命効果やバイオガス発電による収益及び施設建設・維持管理費の支出を勘案した経済性の評価を**図4.3-6**に示す。

　埋立処分されている一般廃棄物(可燃性)のみをMBTする場合では、各

表 4.3-5　A 地域ケーススタディにおける MBT の概要

| ケース | 施設規模<br>(t/日) | バイオガス熱量<br>(GJ/日) | バイオガス発電量<br>(MWh/日) | 熱供給量<br>(GJ/日) | 所内使用電力量<br>(MWh/日) | 売電電力量<br>(MWh/日) |
|---|---|---|---|---|---|---|
| 1 | 11.5 | 55.2 | 5.4 | 19.3 | 1.7 | 3.6 |
| 2 | 32.5 | 172.5 | 16.8 | 60.4 | 4.9 | 11.9 |
| 3 | 105.3 | 228.5 | 22.2 | 80.0 | 15.8 | 6.4 |
| 4 | 37.3 | 177.6 | 17.3 | 62.2 | 5.6 | 11.7 |
| 5 | 52.8 | 203.0 | 19.7 | 71.1 | 7.9 | 11.8 |

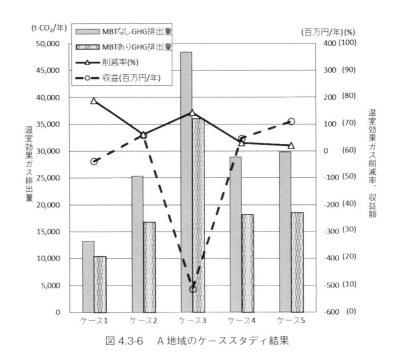

図 4.3-6　A 地域のケーススタディ結果

都市が単独でバイオマス利活用を実施する場合（ケース1）は収益が期待できないが、2都市が共同で実施（ケース2）すると収益性が確保でき、かつ温室効果ガスも66%程度に現状から低減できることがわかった。2都市が共同で処理する場合は、施設規模が大きくなることから、スケールメリットが期待できる。

しかし、2都市共同処理の場合も、稲わらと家畜ふん尿を併せ処理する場合（ケース3）は収益が確保できない。これは、家畜ふん尿の水分が大きいため、処理量の増加に対してメタンガス発生量が少ないことによる。ただし、家畜ふん尿に替わり、動植物性残渣（ケース4）や有機性汚泥（ケース5）を併せ処理すると、収益性は確保できるようになる。稲わらと動植物性残渣と有機性汚泥を併せ処理するケース5が最も経済効果と温室効果ガス削減効果が高く、十分収益性を有する結果となった。

なお、本試算ではバイオガス化施設はFITにより売電する計算としているが、買取価格の変動に伴う収益の変化を**図4.3-7**に示す。現状の39円/kWhで収益が確保できるケース2やケース4でも、買取価格が25円/kWhに低下すると収益が確保できなくなる。最も収益が期待できるケース5は、買い取り価格が20円/kWhに低下しても収益を確保できるが、10円/kWhに低下すると収益が確保できなくなる。

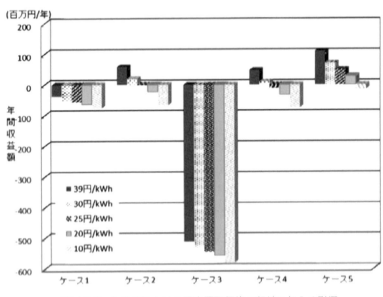

図4.3-7　A地域における電力買取価格の収益に与える影響

（6）A地域ケーススタディのまとめ

A地域において、一部有機性廃棄物を埋立処分しているため2都市の最終処分場に破砕選別装置と湿式メタン発酵施設を前処理施設として設置し、温室効果ガスの削減可能性と事業としての収益性を検討した。

その結果、処理対象地域の広域化、処理対象となるバイオマス資源の種類の広範化により温室効果ガス低減効果が期待できることが分かった。

また、家畜ふん尿をMBT対象とする場合、水分が高く有機物含有率が低いため収益性は悪化するが、稲わらに加え有機性汚泥や動植物性残渣を併せ処理する場合は収益性は確保できる。稲わらは鋤き込みが廉価で普及しているが、鋤き込みによる温室効果ガス排出量を低減する効果は大きいので、排出者にMBT施設までの運搬費負担が発生するものの、その他のバイオマスとの併せ処理を推進することが肝要である。

なお、収益性の低いケース4でみると、収益は年間48百万円であり、稲わらの処分量は年間1,400t程度であるから、5,000円/tの運搬費を支出しても、収益は41百万円が確保できる。

さらに、動植物性残渣、産業廃棄物の有機性汚泥は、処理費を徴収しなくとも収益が確保できる可能性はあるが、500円/t程度の処理費（鹿追町実績）を徴収すると十分な収益が確保できる。

これらのことから、廃棄物や農林業系副産物等の枠を超えた広範な業種のバイオマスを加えた広域処理が重要であるといえる。また、メタン発酵後の残渣は、液肥・堆肥として無料配布する前提である。したがって、処理対象物が増え、施設規模が大きくなると液肥や堆肥としての全量利用が困難となり、水処理や埋立処分を必要とする場合もあるので、留意が必要である。

収益の試算は、電力固定価格買取制度を前提としているが、北海道内は電力線の系統連系に余裕がない地域が多いので、実際の事業にあたっては留意が必要である。

## 4.3.3 B地域におけるケーススタディ

### （1）B地域の概要

　B地域は、18の自治体で形成される32万人の総合振興局の一地域であり、7市町で構成されている。人口は約9万2千人で、酪農、畑作、漁業、観光などを主体とした農山漁村地域である。

### （2）バイオマス利活用の概要

　B地域における一般廃棄物の処理フローを**図4.3-8**に示す。B地域は5町が一般廃棄物中の生ごみを分別回収し堆肥化する施設を有しており（1町は民間委託）、この5町のうち生ごみ以外の可燃性廃棄物を1町が燃

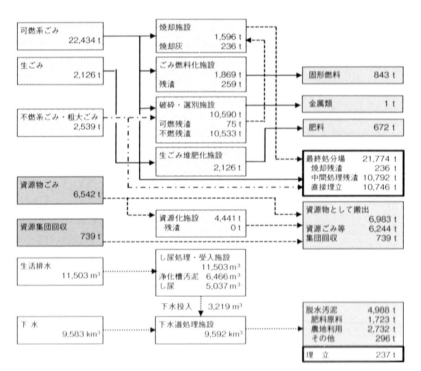

図4.3-8　B地域における一般廃棄物処理フロー[2,4,15]

料化処理、3町が焼却処理、1町が埋立処分している。生ごみを分別回収していない2市町は生ごみを含む可燃性廃棄物を埋立処分している。したがって、生ごみを含む可燃性廃棄物が埋立処分されていることがバイオマス資源有効利用の点、埋立処分場における浸出水質や埋立ガスの悪化、及び温室効果ガス発生の観点からみた課題といえる。

また、生ごみを埋立処分している2市町のうちX市の廃棄物組成（**図4.3-9**）をみると生ごみと紙ごみで約60%を占めていることがわかる。

し尿や下水は、下水処理場で処理され、汚泥は肥料原料や緑農地利用されており、埋立処分は少ない。

同様に産業廃棄物の埋立処分量をみると、有機性汚泥や木くず等が排出量の数%程度埋立処分されているので、この有効利用が課題となる（**表4.3-6**）。

B地域を含む総合振興局内の林業では、国有林は年間371千m$^3$が伐採されているが、17千m$^3$が販売や資材として利用されておらず放置されているものと思われる（**表4.3-7**）。

B地域がある総合振興局内の稲わらや籾がらは、年間6千t程度発生し、13.6%が鋤き込み利用となっているが、85%が堆肥化、飼料、敷料に利用されており、有効利用は比較的進んでいる（**図4.3-10**）。

総合振興局内の家畜ふん尿は、飼養頭数から推定すると、牛、豚、馬及びめん羊で年間220万t程度が発生している（**図4-3-11**）。

（3）廃棄物等処理に係る温室効果ガス排出の実態

廃棄物処理や家畜ふん尿・稲わら等の処理に伴い排出される温室効果ガス量を**表4.3-8**と**図4.3-12**に示す。産業廃棄物の収集運搬と中間処理については、A地域と同様に計算対象外としている。

B地域における温室効果ガスの総排出量は約8万t/年であり、家畜ふん尿が73%と7割以上を占めている。次いで一般廃棄物処理が18%(そのうち、17%が埋立処分由来)、稲わら・籾がら処理は0.1%となっている。

第 4 章　最終処分システムを組み込んだ広域連合型事業の提案　　123

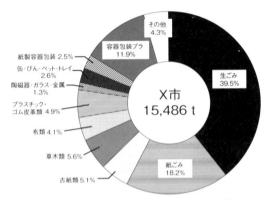

図 4.3-9　X市の一般廃棄物の組成 [15]

表 4.3-6　B 地域の総合振興局内の有機性産業廃棄物の処理状況 (2013) [3]

単位：千 t，( ) は排出量に対する割合

| 産業廃棄物 | 排出量 | 中間処理量 | 再生利用量 | 最終処分量 |
|---|---|---|---|---|
| 合　　計 | 3,296.9 | 3,270.7 | 2,202.0 (67.3%) | 34.6 (1.1%) |
| 汚泥計 | 419.8 | 413.0 | 28.4 (6.9%) | 17.1 (4.1%) |
| 有機性汚泥 | 144.6 | 143.3 | 13.0 (9.1%) | 5.1 (3.5%) |
| 下水汚泥 | 226.3 | 226.3 | 5.9 (2.6%) | 1.1 (0.5%) |
| 無機性汚泥 | 13.6 | 10.9 | 4.7 (42.5%) | 4.4 (40.6%) |
| 上水汚泥 | 22.6 | 21.1 | 2.3 (10.7%) | 2.2 (10.4%) |
| その他汚泥 | 12.7 | 11.4 | 2.6 (22.6%) | 4.2 (37.1%) |
| 紙くず | 1.0 | 0.9 | 0.5 (52.6%) | 0.1 (14.2%) |
| 木くず | 27.6 | 26.4 | 24.6 (93.4%) | 1.4 (5.2%) |
| 動植物性残渣 | 22.6 | 22.0 | 21.1 (95.9%) | 0.4 (1.9%) |

表 4.3-7　B 地域の総合振興局における間伐の状況 [6]

| 間伐林 | 面積 (ha) | 材積 (千m³) | 立木販売 (千m³) | 生産資材 (千m³) | 差分 (千m³) |
|---|---|---|---|---|---|
| 国有林 | 4,673 | 371 | 134 | 220 | 17 |
| 道有林 | 842 | 120 | 120 | — | — |
| 民有林 | 3,530 | 800 | — | — | — |
| 計 | 9,045 | 1,291 | 254 | 220 | 17 |

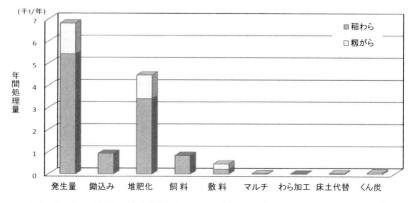

図 4.3-10　B 地域の総合振興局における稲わら・籾がらの発生・処理状況[7]

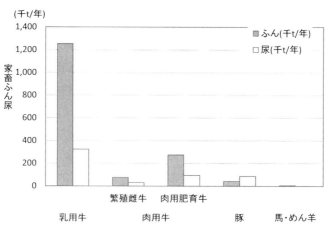

図 4.3-11　B 地域の総合振興局における家畜ふん尿の状況[5]

第4章 最終処分システムを組み込んだ広域連合型事業の提案　　125

表 4.3-8　B地域の廃棄物等処理に係る温室効果ガス排出量

| 種　類 | | | 排出量<br>(t-CO₂/年) | 構成比(%) | 構成比 2(%) |
|---|---|---|---|---|---|
| 一般<br>廃棄物 | 収集運搬 | | 600 | 0.8 | 0.7 |
| | 焼却処理 | | 300<br>(2,200) | 0.4 | 2.7 |
| | 埋立処分 | | 13,600 | 17.0 | 16.6 |
| | 計 | | 14,500<br>(16,400) | 18.1 | 20.0 |
| 産業<br>廃棄物 | 埋立<br>処分 | 汚泥 | 5,200 | 6.5 | 6.4 |
| | | 木くず | 1,400 | 1.8 | 1.7 |
| | | 計 | 7,100 | 8.9 | 8.7 |
| 家畜<br>ふん尿 | 乳用牛 | | 37,900 | 47.4 | 46.3 |
| | 肉用牛 | | 17,400 | 21.8 | 21.3 |
| | 豚・馬 | | 2,900 | 3.6 | 3.5 |
| | 計 | | 58,200 | 72.8 | 71.1 |
| 稲わら<br>籾がら | 鋤き込みほか | | 100 | 0.1 | 0.1 |
| | 計 | | 100 | 0.1 | 0.1 |
| 合　計 | | | 79,900<br>(81,800) | 100.0 | 100.0 |

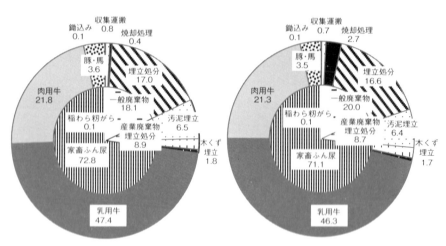

○焼却によるCO₂算定がプラスチックのみ　　○バイオマス由来CO₂も算定

図 4.3-12　B地域の廃棄物等処理に係る温室効果

埋立処分の割合は、26%（一般廃棄物で17%、産業廃棄物で9%）となっており、家畜ふん尿以外の排出は埋立処分による割合が大きいことがわかる。また、この地域での焼却処理による温室効果ガス排出の割合はバイオマス由来の焼却を含めても2.7%と非常に小さい。

したがって、温室効果ガスの削減とバイオマス資源の有効活用の観点からは、家畜ふん尿処理とともに埋立処分（特に一般廃棄物の可燃物の埋立処分)の改善が課題といえる。


（4）ケースの選定

前項で述べたように、B地域の課題は、生ごみを含む可燃性廃棄物を埋立処分している3市町（1町は可燃性廃棄物のみ埋立）のバイオマスの有効活用である。また、家畜ふん尿や動植物性残渣や有機性汚泥の活用も重要である。

そこで、ケーススタディは、下記のケースを設定した。

①ケース6：可燃性廃棄物を埋立処分している市（人口4万人）が単独でMBTを導入するケース

②ケース7：可燃性廃棄物を埋立処分している3市町（人口6万人）が共同でMBTを導入するケース

③ケース8：ケース7に加えて家畜ふん尿の10%をMBTするケース

④ケース9：ケース7に加えて産業廃棄物の動植物性残渣と有機性汚泥をMBTするケース


（5）ケーススタディの結果

ケーススタディで設定したメタン発酵施設規模及び得られるバイオガス熱量と発電量・売電可能量を**表4.3-9**に示す。

ケーススタディの結果から、温室効果ガスの削減効果、埋立処分場の延命効果やバイオガス発電による収益及び施設建設・維持管理費の支出を勘案した経済性の評価を**図4.3-13**に示す。

第4章 最終処分システムを組み込んだ広域連合型事業の提案　127

表4.3-9　B地域ケーススタディにおけるMBTの概要

| ケース | 施設規模<br>(t／日) | バイオガス<br>熱量<br>(GJ／日) | バイオガス<br>発電量<br>(MWh／日) | 熱供給量<br>(GJ／日) | 所内使用<br>電力量<br>(MWh／日) | 売電電力量<br>(kWh／日) |
|---|---|---|---|---|---|---|
| 6 | 17.9 | 79.9 | 7.8 | 28.0 | 2.7 | 5.1 |
| 7 | 29.8 | 133.7 | 13.0 | 46.8 | 4.5 | 8.5 |
| 8 | 218.2 | 283.4 | 27.6 | 99.2 | 32.7 | 0 |
| 9 | 34.5 | 142.2 | 13.8 | 49.8 | 5.2 | 8.6 |

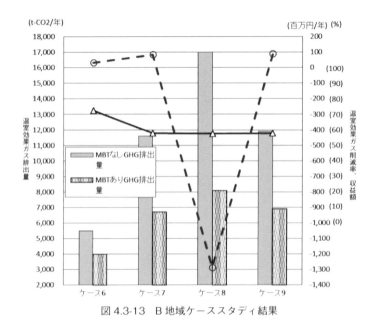

図4.3-13　B地域ケーススタディ結果

　この図より、ケース6、7、9で収益があり、ケース8では収益がでないことがわかった。収益性において各市町が単独でバイオマス利活用を行うより広域で処理する方が収益は増加しており、処理量のスケールメリットが確認できた。ただし温室効果ガス発生の抑制効果(低減率)は、広域処理する方が単独処理に対し減少した。これはA地域と同様な結果であり温室効果ガスの発生抑制に対するスケールメリットは認められなかった。

家畜ふん尿の併せ処理を行う（ケース8）と支出が大幅に上昇し、併せ処理のメリットは全くない結果となった。これはメタン発酵処理で家畜ふん尿を投入することにより水分が多くなり発電量が増加しない等の理由によるものであり、さらに今回は家畜ふん尿量が一般廃棄物量の4倍もあることから、この影響が顕著に出たものと考える。

また動植物性残渣と有機性汚泥の併せ処理は、動植物性残渣の投入量が少ないため効果はわずかではあるが（ケース7とケース9の比較において）収益の増加が確認できた。

なお、本試算ではバイオガス化施設はFITにより売電する計算としているが、収益がマイナスのケース8を除いた、ケース6、7、9における買取価格の変動に伴う収益の変化結果を図4.3-14に示した。ケース6は39～25円/kWhで収益を確保できるが、ケース7は、買取価格が30円/kWhに低下すると収益が確保できなくなる。最も収益が期待できるケース9は、買取価格が25円/kWhに低下すると収益が確保できなくなる。

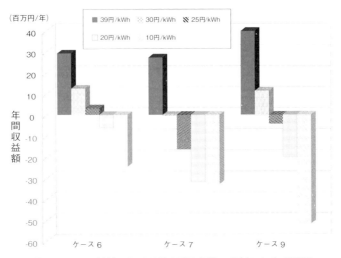

図4.3-14　B地域における電力買取価格の収益に与える影響

## （6）B地域ケーススタディのまとめ

　B地域において、有機性廃棄物を全量埋立処分している2市町と可燃性廃棄物だけを埋立処分している1町の最終処分場に破砕選別装置と湿式メタン発酵施設を前処理施設として設置し、温室効果ガス排出量の削減可能性と事業の収益性を検討した。

　その結果、MBTを導入する前と後では温室効果ガス排出量の削減がおよそ50%〜70%達成できることがわかった。

　収益性については、広域化によるスケールメリットと動植物性残渣との合併処理による有効性が確認できた。また、家畜ふん尿との合併処理の有効性は確認できなかった。このことについては、前述のように家畜ふん尿の受入れに処理費（500円/t程度）を徴収して収益性を高めるなどの検討が必要である。なおA地域と同様に、受け入れる廃棄物量及び種類が増え液肥等の全量利用が困難な場合は、水処理や埋立処分を必要とする場合があることに留意が必要である。

### 4.3.4　C地域におけるケーススタディ

#### （1）C地域の概要

　C地域は、6町で構成される総人口3.6万人の農村地域である。人口の多くは海辺に集中しており、それぞれの町が幹線道でつながれている。産業は主に、水産業及び内陸での農業、酪農業である。

#### （2）バイオマス利活用の概要

　C地域における一般廃棄物の処理フローを**図4.3-15**に示す。すでに廃棄物処理の広域化が進んでおり、2組合で焼却主体の処理を行っている。しかし、一部の可燃ごみや混合ごみを直接埋立しており、全体の処理量に占める最終処分量の割合も30%程度と高い。

　し尿や下水処理では、し尿処理汚泥が焼却されているが、発電・熱回

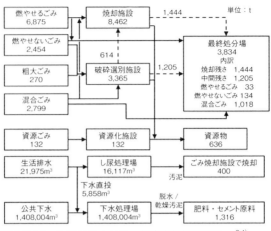

図 4.3-15　C地域における一般廃棄物処理フロー[2,4]

収はされていない。

　産業廃棄物の処理状況（**表4.3-10**）を見ると、動物のふん尿、及びその他汚泥、下水汚泥の排出量が多い。ただし、動物のふん尿の7割は再生利用されている。最終処分量は総じて千t未満であるものの、有機性汚泥やその他汚泥、動植物性残渣が埋立されている。

　林業では、国有林は年間84千$m^3$が伐採されているが、14千$m^3$が販売や資材として利用されておらず放置されているものと思われる（**表4.3-11**）。

　稲わらや籾がらは、年間約3万t程度発生し、鋤き込みが59％と最も多く、焼却と破棄が16％ある（**図4.3-16**）。

　家畜ふん尿は飼育頭数から推定すると、牛、豚、馬及びめん羊から約12万t排出されており、乳牛が最も多く次いで肉牛、豚と続く（**図4.3-17**）。

　これらのバイオマス利活用状況から、C地域においては有機物を含むと考えられる可燃性廃棄物（燃やせるごみ）及び混合ごみの直接埋立、及びエネルギー回収をせずに焼却しているし尿処理汚泥の有効利用が課題である。しかし排出量は合計で約4t/日と小さい、そのため産業廃棄

第4章　最終処分システムを組み込んだ広域連合型事業の提案　　131

表 4.3-10　平成 25 年度　C 地域における産業廃棄物処理状況 [3]

単位：千 t，カッコは排出量に対する割合

| 産業廃棄物 | 排出量 | 中間処理量 | 再生利用量 | 最終処分量 |
|---|---|---|---|---|
| 合　計 | 221.6 | 219.2 | 151.8<br>(68.5%) | 3.8<br>(1.7%) |
| 汚　泥　計 | 56.1 | 26.2 | 1.9<br>(3.6%) | 1.6<br>(2.9%) |
| 有機性汚泥 | 3.0 | 2.9 | 0.6<br>(20.5%) | 0.2<br>(7.7%) |
| 下水汚泥 | 18.1 | 18.1 | 0.5<br>(2.6%) | 0.1<br>(0.5%) |
| 無機性汚泥 | 1.1 | 0.9 | 0.3<br>(24.7%) | 0.4<br>(40.4%) |
| 上水汚泥 | 3.0 | 2.8 | 0.3<br>(10.0%) | 0.3<br>(10.4%) |
| その他汚泥 | 30.9 | 1.5 | 0.3<br>(1.1%) | 0.6<br>(37.4%) |
| 紙・木・繊維くず | 3.0 | 2.9 | 2.6<br>(88.1%) | 0.2<br>(9.3%) |
| 動植物性残渣 | 0.4 | 0.3 | 0.3<br>(82.8%) | 0.0<br>(1.7%) |
| 動物のふん尿 | 160.1 | 160.1 | 118.2<br>(73.9) | |
| その他有機性廃棄物 | 0.4 | 0.4 | 0.2<br>(37.6) | 0.0 |
| 無機性廃棄物 | 1.6 | 29.2 | | |

表 4.3-11　C 地域における間伐の状況 [6]

| 間伐林 | 面積<br>(ha) | 材積<br>(千m³) | 立木販売<br>(千m³) | 生産資材<br>(千m³) | 差分<br>(千m³) |
|---|---|---|---|---|---|
| 国有林 | 764 | 84 | 28 | 42 | 14 |
| 道有林 | 42 | 5 | 5 | － | － |
| 民有林 | 833 | 46 | | | |
| 計 | 1,639 | 135 | 33 | 42 | 14 |

物で埋立処分されている有機性汚泥等や、排出量の多い家畜ふん尿、焼却・廃棄されている稲わらや籾がらと合併処理することが考えられる。

（3）廃棄物等処理に係る温室効果ガス排出の実態

　表4.3-12と図4.3-18に示すように、C地域においては、廃棄物等処理によって年間で約2万tの温室効果ガスが排出されている。このうち、家畜ふん尿の管理における排出が6割近くを含め、次いで、稲わ

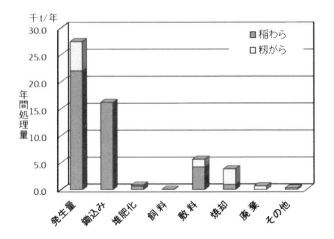

図 4.3-16　C 地域における稲わら・籾がらの発生・処理状況[7]

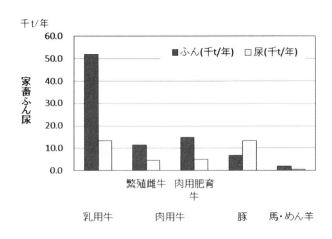

図 4.3-17　C 地域における家畜ふん尿の状況[5]

第4章 最終処分システムを組み込んだ広域連合型事業の提案

表4.3-12 C地域の廃棄物等処理に係る温室効果ガス排出量

| 種類 | | | 排出量 (t-CO$_2$/年) | 構成比 (%) | 構成比 2(%) |
|---|---|---|---|---|---|
| 一般廃棄物 | 収集運搬 | | 105 | 0.5 | 0.5 |
| | 焼却処理 | | 1,515 (2,443) | 6.8 | 10.6 |
| | 埋立処分 | | 700 | 3.2 | 3.0 |
| | 計 | | 2,320 (3,248) | 10.4 | 14.0 |
| 産業廃棄物 | 埋立処分 | 汚泥 | 491 | 2.2 | 2.1 |
| | | 木くず | 163 | 0.7 | 0.7 |
| | | 計 | 683 | 3.1 | 3.0 |
| 家畜ふん尿 | 乳用牛 | | 683 | 22.5 | 21.6 |
| | 肉用牛 | | 5,000 | 18.9 | 18.2 |
| | 豚 | | 4,200 | 18.9 | 18.2 |
| | 計 | | 13,500 | 60.8 | 58.4 |
| 稲わら 籾がら | 鋤き込み | | 2,900 | 13.1 | 12.5 |
| | 廃棄・焼却 | | 2,800 | 12.6 | 12.1 |
| | 計 | | 5,700 | 25.7 | 24.6 |
| 合計 | | | 22,203 (23,131) | 100.0 | 100.0 |

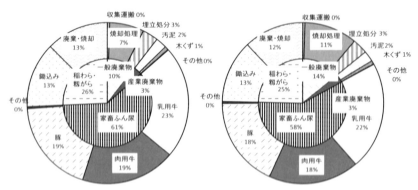

○焼却によるCO$_2$算定がプラスチックのみ　　○バイオマス由来CO$_2$も算定

図4.3-18 C地域の廃棄物等処理に係る温室効果

ら・籾がらの処理、一般・産業廃棄物処理の順に排出量が大きい。このことから、温室効果ガス排出量削減の観点からは、C地域においては家畜ふん尿の管理、稲わら・籾がらの処理を改善することが重要である。

（４）ケーススタディにおけるケース設定
　（２）及び（３）で述べたように、有機性埋立物の削減、バイオマスの有効利用拡大、温室効果ガス排出量削減、規模拡大による収益性の向上を検討するため、直接埋立ごみ及びし尿処理汚泥、家畜ふん尿、焼却されているごみに対してMBT導入を検討する。

①ケース10：直接埋立されている一般廃棄物（可燃性廃棄物、混合廃棄物）をMBTの対象とする。
②ケース11：ケース10に加えて、焼却されているし尿処理汚泥をMBTの対象とする。
③ケース12：ケース10に加えて、家畜ふん尿（乳牛300頭相当）に対してMBTを導入する。
④ケース13：ケース10に加えて、1つの組合（人口規模：1.7万人）の焼却施設を廃止し、可燃性廃棄物及び混合廃棄物をすべてMBTの対象とする。ただし、破砕選別施設から排出される可燃性の残渣については、もう一つの組合に焼却処理を委託する。

（５）ケーススタディの結果
　**表4.3-13**に示したケースごとの売電電力量（＝バイオガス発電力量－所内使用電力量）に着目すると、直接埋立ごみに加えて、し尿処理汚泥や家畜ふん尿を合併して処理することにより、処理規模は大きくなったものの、売電電力量は下がった（ケース11及び12）。一方、可燃ごみ等をMBTの対象としたケース13では処理規模が大きくなり、売電電力量も増加した。し尿処理汚泥や家畜ふん尿はバイオガス発生ポテンシャル

が低く、規模が大きくなることによる使用電力量増加の影響が大きいと言える。売電利益を見込むには、厨芥のようなバイオガス発生ポテンシャルの高い廃棄物を合併処理し、規模を拡大する必要がある。

**図4.3-19**に事業収支と温室効果ガス削減効果を示す。C地域では、ケース10～12では収益より支出が上回り、ケース13でのみ収益が出る結果となった。ケース10～12では、売電の収益はほとんど変わらない。そのためケース11でわずかに収益が改善したのは、焼却処理委託の削減によるものである。一方、ケース12でも家畜ふん尿処理費の便益を考慮はしているが、規模が大きくなったことによる維持管理費の増大を補うほどではなかったため、最も収益は悪化した。ケース13では、既存の焼却

表4.3-13 C地域ケーススタディにおけるMBT施設の概要

| ケース | 施設規模 (t/日) | バイオガス熱量 発電量 (GJ/日) | バイオガス (kWh/日) | 熱供給量 電力量 (GJ/日) | 所内使用 (kWh/日) | 売電電力量 (kWh/日) |
|---|---|---|---|---|---|---|
| 10 | 1.5 | 7.0 | 679 | 2.4 | 226 | 452 |
| 11 | 2.6 | 8.7 | 848 | 3.1 | 391 | 457 |
| 12 | 13.1 | 25 | 2,430 | 8.7 | 1,965 | 465 |
| 13 | 5.2 | 26 | 2,551 | 9.2 | 774 | 1,777 |

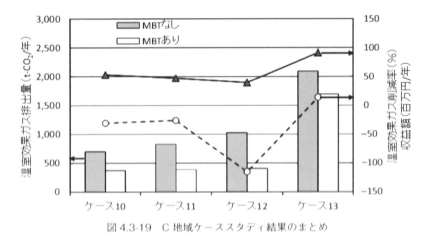

図4.3-19 C地域ケーススタディ結果のまとめ

施設を廃止し、可燃性廃棄物の一部をMBTに導入することで、最終処分量は増大し最終処分量削減の便益は見込めなかったが、売電収益が増大したこと、及び焼却施設の維持管理費と委託費の削減効果により収益につながった。なお、さらに最終処分量を減らすためには、発酵不適物等をRDFやSRFとして燃料利用することも考えられるが、今回は検討対象外とした。

温室効果ガスの排出量は、ケース10～12では概ね5～4割まで減少したが、ケース13では約9割までにとどまった。前者は、埋立量が減り、メタン放出量が減ったことに起因し、後者は、MBTにより有機物は減少したが、結果的に最終処分量が増えたことに起因している。

（6）C地域ケーススタディのまとめ

バイオマスを対象としたMBT導入による温室効果ガス排出量の削減、及び事業の収益性の観点でケーススタディを行った。その結果、直接埋立ごみ（可燃性廃棄物、混合廃棄物）とし尿処理汚泥や家畜ふん尿との合併処理では、メタン発生量が小さく、規模拡大による売電の便益が小さく収益性の改善は見込めなかった。 2施設ある焼却施設のうち1施設を廃止し、MBTの対象とする厨芥類を多くすることで、売電収益の増大及び焼却施設の維持管理費等の削減効果により収益が見込めた。

MBT導入により温室効果ガス排出量の削減効果は期待できたが、現状の焼却対象廃棄物をMBTの対象とすると埋立廃棄物が増えてしまうため、削減効果は小さくなった。

第4章　最終処分システムを組み込んだ広域連合型事業の提案　　137

## 4.4　ABC構想実現のための広域連合型最終処分システムの提案

　一般廃棄物、産業廃棄物、家畜ふん尿、稲わら・籾がら、間伐材等の
バイオマス資源は、それぞれ処理責任者が異なり、所管の官公庁も異な
ること等から、多くの場合で別のシステムで処理・資源化等が行われて
いる。このことが、スケールメリットに歯止めをかけ事業化の可能性を
縮小しているおそれがあるのではないか、法律や所管の枠組みを超え
て、バイオマス資源という大きな括りでまとめて処理することにより収
益が期待できるのではないかとの素朴な疑問から本研究は着手した。も
し、地域的広域化・業種的広範化により、経済性が高く、かつ温室効果
ガスの削減効果も高いシステムが提案できれば、バイオマス資源の有効
活用事例の増加に、もう一段弾みがつくのではないかと期待している。

### 4.4.1　ケーススタディのまとめ

　前節で検討したケーススタディのうち、収益が確保できる可能性が確
認された結果のみを整理した（**表4.4-1**）。

　A地域では、生ごみ等有機性廃棄物を埋立処分している2都市が広域
化して最終処分にMBTを追加する場合、これに追加して稲わら、動植
物性残渣、有機性汚泥を併せ処理する場合に温室効果ガス排出量の削減
とともに、事業収益性も確保できることが試算された。

　B地域では、生ごみ等有機性廃棄物を埋立処分している3都市が広域
化して最終処分にMBTを追加する場合、さらに追加して動植物性残渣
や有機性汚泥を併せ処理する場合に温室効果ガス排出量の削減ととも
に、事業収益性も確保できることが試算された。

　C地域では、生ごみ等有機性廃棄物を埋立処分している2組合が広域
化し、一方の焼却施設を廃止し、可燃性廃棄物等をMBTの対象とする
場合、温室効果ガス排出量の削減とともに事業収益性も確保できること
が試算された。ただし、他のケースに比べ、埋立量が増加するため、温

表 4.4-1　広域連合型最終処分システムのケーススタディ結果

| 選定地域 | 対象廃棄物 | 収益<br>（千円／年） | 温室効果ガス<br>削減率（%） | 費用負担<br>（円／t） |
|---|---|---|---|---|
| A | ・有機性一般廃棄物（2都市） | 59,194 | 66.2 | − |
| | ・有機性一般廃棄物（2都市）<br>・稲わら<br>・動植物性残渣 | 47,957 | 63.0 | 動植物性残渣<br>15.4千円/t |
| | ・有機性一般廃棄物（2都市）<br>・稲わら<br>・動植物性残渣<br>・産廃有機性汚泥 | 109,686 | 62.1 | 有機性汚泥<br>15.4千円/t |
| B | ・有機性一般廃棄物（4万人） | 31,287 | 72.4 | − |
| | ・有機性一般廃棄物（6万人） | 85,199 | 57.8 | |
| | ・有機性一般廃棄物（6万人）<br>・動植物性残渣<br>・産廃有機性汚泥 | 90,272 | 57.7 | 動植物性残渣<br>有機性汚泥<br>15.4千円/t |
| C | ・有機性一般廃棄物（3.6万人）<br>（現状の直接埋立ごみ及び焼却ごみ） | 35,474 | 91.3 | − |

室効果ガス排出量の削減効果は小さかった。

　これらのことから、既存の一般廃棄物処理システムを大幅に変更することなく、最終処分場の前処理としてバイオガス化施設を設置すること、また多種多様なバイオマス資源を併せ処理すること、すなわち、地域的な広域化及び業種的な広範化を行うことにより、十分に収益性と大幅な温室効果ガスの削減が期待できることがわかった。

## 4.4.2　広域連合化の課題と対応

　第4章では広域連合型最終処分システムをテーマとしているが、実際の北海道の廃棄物処理においても、焼却炉から発生するダイオキシン問題から焼却施設の全連続運転が求められていることや効率的な廃棄物処理を目的として平成9年12月に「ごみ処理の広域化計画」が策定され広域化が進められている。しかし、一部の地域ではこの広域化が進んでいない状況にある。その原因としては、①収集運搬距離が長くなり、運搬

経費の増加や中継施設等の整備費が発生すること、②廃棄物や運搬車両が集中し処理施設周辺の環境負荷が増加すること、③運搬距離が長くなり運搬車両の二酸化炭素発生量が増加すること、④技術開発で非連続運転や小型焼却炉の処理でもダイオキシン抑制が可能になってきたこと、⑤各自治体が保有する施設の耐用期間が一致せず新規の広域化施設を同時期に稼動できないこと、⑥住民合意が容易でなく廃棄物処理施設の立地場所の選定が難しいことなどが上げられ、これらは広域化を進める上で大きな課題となっている。

これらの課題に対して、従来の処理方法よりも効率的な廃棄物処理システムを計画することで、収集運搬費や施設整備の増加を補う便益を得ることや、環境負荷を減少させること、さらには収集運搬車両台数を減少させることなど、総合的な観点から解決することが必要である。**表4.4-2**に、これら課題と対策例について示す。

広域連合型事業を計画する場合は、この表に示す内容について十分に検討しなければならない。

### 4.4.3　広域連合型事業を推進するための事業形態
これまでは、自治体が一般廃棄物、主に民間事業者が産業廃棄物に対して処理責任を有し、また自治体の中でも、一般家庭・事業所・農畜林業・

表 4.4-2　広域連合の課題と対策例

| 事　象 | 課　題 | 対　策 |
|---|---|---|
| 収集運搬距離の増加 | ・収集運搬費の増加<br>・二酸化炭素排出量の増加<br>・中継施設新設による費用増加 | ・効率的な収集運搬計画策定による収集運搬車両の減車<br>・効率的な処理システム策定による費用の圧縮（現処理方法に比較して） |
| 新規施設の建設 | ・建設費の増大<br>・処理施設周辺地域の環境悪化<br>・運搬車両集中による環境悪化<br>・立地場所の選定が困難 | ・効率的な処理システムの計画策定<br>・立地場所周辺整備（レクリェーション施設等の設置） |
| 施設更新時期の不一致 | ・既存施設の耐用期間の残存<br>・既存施設解体と補助金返還 | ・広域化事業の便益と既存施設処分に係る費用の比較検討<br>　・効率的な処理システムの計画策定 |

下水道など排出元により、管理主体が異なっている。そして、多くの場合、それぞれの管理主体が適正処理やリサイクルといった目的をもって事業を行ってきた。しかし、自治体の財政難や人口減少によって、これまでの体制では、事業として成立させることが困難になることが懸念される。一方で、バイオマスを取り巻く情勢では、資源循環や再生エネルギーの導入、低炭素社会の形成がよりいっそう求められている。したがって、広域連合型事業においては、その地域に応じた事業の目的（本ケーススタディでは、有機性廃棄物の埋立量削減及び有効利用の促進と温室効果ガス排出量の削減とした）を掲げ、関係者を横断的にまとめる主体が必要であると思われる。例えば、事業の目的やバイオマスの賦存量に応じて、賦存量の多いバイオマスを管理する者や、地域の温室効果ガス排出量やエネルギー事業を管理する者を主体とすることが考えられる。それぞれのバイオマス（廃棄物）の排出元に係る管理者が、新たな管理主体（または既存の管理主体）の下で、これまでの責任を果たし、かつ広域連合型事業の目的を達成するために連携することが重要である。広域連合型事業の事業形態の例を**図4.4-1**に示す。

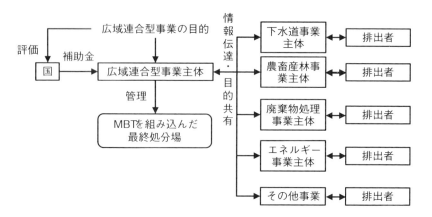

図 4.4-1　広域連合型事業の事業形態の例

第4章　最終処分システムを組み込んだ広域連合型事業の提案　　141

　また、本ケーススタディでは、メタン発酵残渣を、蒸発分を除き、すべて農地還元することを想定しており、そのおかげで、最終処分延命費の便益により収益が出ている。したがって、農地還元が能動的に進む事業形態、すなわち、事業主体と堆肥や液肥の利用者との連携が重要になる。

　さらに、国は、広域連合型事業の目的を評価し、導入の補助のみならず、継続的な施設の維持に対する援助が必要である。

### 4.4.4　今後に向けて

　北海道内では、一般廃棄物中の生ごみを分別収集してバイオガス化するなどの利活用が進んでいるが、分別収集では100%の生ごみを回収することは困難であり、環境省では焼却施設とバイオガス化施設を併設するハイブリット処理を推奨している。

　しかし、バイオマス資源としては、一般廃棄物のみならず、産業廃棄物、家畜ふん尿、農林業系廃棄物があり、これらの多くは十分な利活用がなされているとは言い難い。

　このような観点から、一般廃棄物の最終処分場に前処理としてバイオガス化施設を設置するとともに、多種多様なバイオマス資源を併せて処理することを検討した結果、地域的な広域化と多様な業種の連携による広域連合型事業化を行うことで、温室効果ガス排出量の削減と事業の収益性が確保できることが明らかとなった。

　今回の検討では、ケーススタディの対象とした複数の自治体の了解を得ているものではなく、地域的な広域化については自治体間の合意のみならず、収集体系やルートの変更に伴う対応、新たな施設設置に係る地域住民の合意取得等が必要となる。さらに、多種多様な業種のバイオマス資源を集めるためには、排出者の理解と費用負担に対する合意が必要であり、既存の処理業者との利害調整も必要となる。さらに、バイオガス化施設で発生する堆肥と液肥についても、需要の確保が必要である。

これらの事業を推進するためには、多様な業種的連携が必要となることから、廃棄物分野のみならず、農業、畜産業、林業の各分野が一体となって事業化を可能とするスキームづくりを期待したい。また、地方自治体においても、隣接自治体も含めた広域的な視点と多様な業種も含めた広範な視点を持って事業化を検討していただきたい。

　今回検討対象とした3地域は、このような課題に対して実現可能性を踏まえて取り上げたわけでもない。したがって、今回の検討結果を参考に、有力な地域では広域連合型最終処分システムの実現に向けて対象地域の自治体が協議を進めるとともに、関係者の理解を得るなどの歩みを始めていただくことを望みたい。

　最後に、本ケーススタディにおいては、バイオガス化システムや費用の概算について、日立造船㈱と㈱大原鉄工所の協力をいただいた。ここに記して謝意を表します。

## 第4章の参考文献

1）古市徹：北海道のバイオマス利活用とABC開拓構想、開発こうほう、569、20-23、2010
2）環境省：一般廃棄物処理実態調査（平成26年度実績），2016
3）北海道環境生活部：北海道産業廃棄物処理状況調査結果報告書（平成25年度実績），2015
4）北海道：北海道の下水道（第4章維持管理、平成25年度）
5）北海道農政部：平成28年度畜産統計（平成26年度実績），2016
6）北海道水産林務部：平成28年度林業統計（平成26年度実績），2016
7）北海道農政部：平成27年度農業統計（平成25年度実績），2015
8）北海道環境生活部環境局低炭素社会推進室：2014（H26）年度の温室効果ガス排出量について，2016
9）古市徹、谷川昇、石井一英：ヨーロッパにおけるWaste to Energyの動向、廃棄物学会誌、18, 172-181, 2007
10）関戸知雄、土手裕：ドイツにおける埋立地に関する基準と廃棄物処理の動向、廃棄物学会誌、19, 31-40, 2008
11）環境省地球環境局地球温暖化対策課：温室効果ガス総排出量算定方法ガイドライン、平成27年4月, 2015.4
12）環境省大臣官房廃棄物・リサイクル対策部：平成27年度廃棄物の広域移動対策検討調査及び廃棄物等循環利用量実態調査報告書、平成28年3月2016.3
13）環境省大臣官房廃棄物・リサイクル対策部廃棄物対策課：廃棄物系バイオマス利活用導入マニュアル（詳細版）（案）、平成28年3月, 2016.3
14）各都市の清掃事業概要（廃棄物処理概要）、2015版, 2017
15）Ｘ市：一般廃棄物処理基本計画書（平成22年度），2010

144

# 第5章　未来社会を導くバイオマス利用技術

## 5.1　未来社会とバイオマス利用の意味
### 5.1.1　未来社会の想定される姿

　我が国は、世界でも類を見ない速さで少子高齢化社会を迎えている。このまま未来を迎えた場合、地域社会の活力の維持といった社会への影響とともに、社会資本の維持管理・更新投資や社会保障負担の増加、労働力・資本投入・貯蓄の減少等に起因する生産力の低下といった経済への影響が大きなものとなることが予想されている。

　未来を考える上では、このような人口・経済・地域社会の見通しを前提に、過去のトレンドからだけでは導き出すことが困難な課題に対し、現在の世代がどのように受止め、将来世代にどのような社会を引き継いでいくのかといった視点が重要となる。

　経済財政諮問会議に設置された「選択する未来」委員会では、半世紀先を見据え、持続的な成長・発展のための課題と対応策についての検討が行われているが、図5.1-1に示すように人口・経済・地域社会の課題

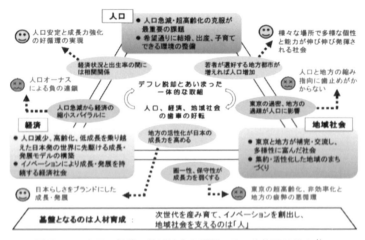

図 5.1-1　人口、経済、地域社会の課題への一体的取り組み[1]

に一体的に取組んでいくことの重要性が示されている。

また、現代は、人・物・情報・経済がグローバルに密接な関係をもつ時代となっており、あらゆる問題が、国境や社会活動の枠を超えて複合化してきているが、未来社会における最重要課題の一つが、環境問題であるということが国際社会で共通認識となっている。特に、気候変動抑制のためのパリ協定に基づく温室効果ガスの削減や、**表5.1-1**に示す「国連持続可能な開発サミット」で採択された「持続可能な開発のための2030アジェンダ」における17の「持続可能な開発目標（Sustainable Development Goals:SDGs）」達成のための行動が大きな課題となっている。また、企業における環境・社会・統治に関する配慮を重視した投資（Environment Social Governance:ESG投資）等金融面での動きも活発化している。

このように未来社会に向けて、国内外で想定される様々な課題は、従来の分野ごとの対応では解決困難な問題となっており、環境・社会・経済にまたがった一体的な問題としてとらえ、国・自治体・企業・市民等あらゆる主体での取組みが、一層進んでいくものと考えられる。

### 5.1.2　未来社会におけるバイオマス利用の意味

新たなバイオマス活用推進基本計画（平成28年9月閣議決定）[3] で示さ

表 5.1-1　17 の持続可能な開発目標（SDGs）の概要 [2]

| 項　　目 | 内　　容 |
|---|---|
| SDGs の概要 | 17 ゴール・169 ターゲット（包括的、互いに関連）<br>2030 年までの国際開発目標<br>全ての国に適用される普遍的な目標<br>各国政府や市民社会、民間セクターを含む主体が連携 |
| 17 の目標 | ①貧困、②飢餓、③保健、④教育、⑤ジェンダー、⑥水・衛生、⑦エネルギー、⑧経済成長と雇用、⑨インフラ・産業化・イノベーション、⑩不平等、⑪持続可能な都市、⑫持続可能な消費と生産、⑬気候変動、⑭海洋資源、⑮陸上資源、⑯平和、⑰実施手段 |

（注）バイオマス利用と関連の深い目標を太字で表示

れたバイオマス利用の基本方針は、**表5.1-2**のとおりである。少子高齢化・地域活性化・産業発展・エネルギー安全保障・地球温暖化防止等、未来における国内外の環境・経済・社会の課題を同時解決していくための重要な手段の一つとして、廃棄物や家畜排せつ物、農業残渣等のバイオマス利用を一層進めていくことの重要性を示したものであると考えられる。

　未来社会における様々な課題解決に資するバイオマス利用社会を実現していくためには、バイオマス利用に係る技術革新と、未来社会の課題解決を見据えた地域の在り方等、社会システムそのものの根本からの見直し・再構築の両輪で進めることが重要な視点となる。

　本章は、未来社会の課題解決に貢献するバイオマス利用の実現のための社会システム再構築、並びにバイオマス利用技術革新をテーマとしている。

　特に、少子高齢化の影響を大きく受ける日本の地域社会の原点である農業地域、中でもバイオマスの利用ポテンシャルが高いと考えられる酪農を中心とした農業地域を、課題先進地域として検討の基盤においたも

表 5.1-2　バイオマス利用の基本的な方針[3]

1. 総合的、一体的かつ効果的な推進
2. 地球温暖化の防止
3. 循環型社会の形成
4. 産業の発展および国際競争力の強化
5. 農山漁村の活性化
6. バイオマスの種類ごとの特性に応じた最大限の利用
7. エネルギー供給源の多様化
8. 地域の主体的な取組みの促進
9. 社会的気運の醸成
10. 食料・木材の安定供給の確保
11. 環境の保全への配慮

のとしている。

　現状の社会システムのまま、未来を迎えた場合に想定される酪農を中心とした農業地域の課題と未来のすがたのイメージを**図5.1-2**に示す。人口減少・少子高齢化や社会資本の老朽化、環境悪化等の課題を放置することは、地域や集落の活力の低下・衰退に繋がっていくことが想定される。

　この問題は、エネルギーや産業・環境等の課題が複合したものであり、また、地球環境やエネルギー等に対する国際情勢の影響も強く受けることから、あらかじめ最適な解決策を想定することが難しい問題である。基本的な課題解決の方向性は大まかに定めつつ、未来の変化に対して、住民や行政等地域が主導して、柔軟に選択していけるような社会システム構築が重要と思われる。そのような社会システムの実現に貢献するため、本章では、地域資源である廃棄物等のバイオマス資源としての利用方法を現在の価値基準にとらわれずに、選択肢として示すことを重視した検討を行っている。

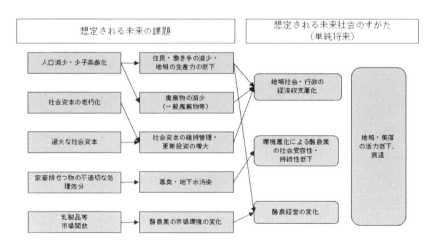

図 5.1-2　酪農を中心とした農業地域における未来の課題（例）

第5章　未来社会を導くバイオマス利用技術　　149

　本章での検討の対象は、酪農を中心とした農業地域とし、地域で発生するバイオマス利用による未来の課題解決に向かう選択肢として、**図5.1-3**に示す5つのテーマを対象に行った。制度面からは、「エネルギー利用の観点からの集落の在り方」と「地域の一般廃棄物処理システムの最適化」について、技術面からは、「稲わらや家畜排せつ物のエネルギー利用・水素利用等の技術革新」を取り上げている。

　本章でとりまとめた内容は、未来の社会システム再構築において重要と考えられるテーマをいくつか例示したものである。これまで本格的な検討が進められていないような研究段階のテーマや、実証段階にある事業等、さまざまテーマを取り上げているが、いずれも技術革新と制度改革の連携により、社会システムの再構築を最終的には目指すものである。今後、未来社会の課題解決に向け、市民および地域を中心に、社会・経済・環境といった分野や産・官・学といった主体を超えた連携・取組みを一層加速していくことが重要と考えている。

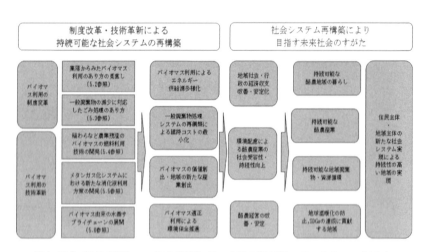

（注）図中（5.2参照）～（5.6参照）は、本章で取り扱っているテーマを示す。

図5.1-3　本章で取扱うテーマと未来の社会システム

## 5.2 集落からみたバイオマス利用のあり方

　未来社会における集落では、人口減少による過疎化や社会資本整備の規模縮小等により、今までと同様な社会システムでは、集落の活力が今よりも低下・衰退していくことが想定される。特に、現在のような化石燃料の大量消費や電力重視型エネルギー大量消費社会における大規模集中型エネルギーシステムの場合、エネルギー利用効率の低さ、送配電に伴うエネルギー損失の高さ等、化石燃料が高騰した場合に集落でのエネルギー供給に制約が生じる可能性が高い。そのため、集落において必要なエネルギーを独自に生産・消費する、地産地消の自立したエネルギーシステムの構築を検討する必要がある。また、国内のエネルギー消費の60％は熱エネルギーであることから、熱エネルギーについては、電力から熱への変換ではなく、熱による供給が望ましいと考える。そこで本章では、集落内で発生するバイオマスを用いて集落で必要とするエネルギーの供給を行うことを目的とし、その際のエネルギーシステムの検討を以下の手順で行った。

① 集落における需要および供給可能エネルギーの整理
② バイオマスの組合せによる集落でのエネルギーシステムの検討
　（バイオマス資源量（家畜飼育量および森林面積量）の整理）
③ バイオマスビレッジを想定した経済性を踏まえた規模でのエネルギーシステムの検討（バイオマス資源量〈家畜飼育量および森林面積量〉と居住エリア面積の整理）

　集落とは、一般的には一定の土地に数戸以上の社会的なまとまりが形成された住民生活の基本的な生活単位であるが、ここでは、北海道の集落人口において最も割合の高かった30人前後を1集落の単位とし、1世帯あたりの平均人数2.3人より、15世帯と設定した。また、バイオマス種は、家畜ふん尿・稲わら・木質とし、家畜ふん尿はメタン発酵からメタンガ

第5章　未来社会を導くバイオマス利用技術　　151

スを生成、稲わら・木質はペレットやチップに成形し、それぞれの燃焼
によりエネルギーを得るものとした。さらに、集落には酪農施設が必ず
存在するものと設定した。

## 5.2.1　集落における需要および供給可能エネルギーの整理

### （1）需要エネルギー

　1集落（15世帯30人）における日常生活に必要な年間エネルギー量を
**表5.2-1**に示す。これより暖房、給湯および厨房に係る熱エネルギーは
約807 GJ/年、電力は約42,000 kWh/年となった。

　また、1舎100頭規模の酪農施設に係るエネルギーは、電力30,000
kWh/年、熱エネルギー 27 GJ/年となった（**表 5.2-2**参照）。

　メタン発酵施設では、発酵時に施設を一定温度に保つ必要があること
から、メタン発酵施設における年間の加温エネルギーを**表5.2-3**に示す。
これより、メタン発酵施設の加温エネルギーは、約0.23 GJ/（t・年）となる。

### （2）供給可能エネルギー

　集落で発生するバイオマスを家畜ふん尿・稲わらペレット・木質ペレッ
トとした場合の各エネルギー量を**表5.2-4**に示す。

表 5.2-1　日常生活に係る需要エネルギー（15世帯30人集落）

| 集落単位 | 年間需要エネルギー量（エネルギー用途別） | | | | | | 料金（千円） |
|---|---|---|---|---|---|---|---|
| | 暖房[4] | 給湯[4] | 厨房[4] | 冷房[4] | 電灯[4] | 動力その他[4] | |
| | （GJ／年） | | | （kWh／年） | | | |
| 15世帯 | 401 | 377 | 29 | 270 | 7,800 | 34,000 | 灯油　1,485[1] 電気　1,350[2] 計：　2,835 |
| | | | 807 | | | 42,000 | |

1. 需要量の灯油料金への換算は、灯油の単位発熱量44GJ/tであることから、64円/L（平成28年8月3日値）とした場合81,000円/tとして求めた[6]。
2. 電気料金への換算は、北海道の一般的な電気料金の計算方法（基本料金、電力使用量ごとの3段階の料金設定、再生可能エネルギー発電促進賦課金の合計）により行った。

表 5.2-2 酪農に係る需要エネルギー（牛舎関連）

| 牛舎関連需要エネルギー （100頭規模あたり） | | | |
|---|---|---|---|
| | 電力量 (kWh／年) | 熱エネルギー量 (GJ／年) | 料金 (千円／年) |
| ミルカー・真空装置 | 7,300 | − | 電気 221 |
| バルククーラ | 14,000 | − | 電気 433 |
| 送風機 | 6,300 | − | 電気 188 |
| バンクリーナ | 530 | − | 電気 16 |
| 牛舎暖房エネルギー | − | 27 | 灯油 50 |
| 照明 | 1,700 | − | 電気 51 |
| 合計 | 30,000 | 27 | 958 |

注：1.牛舎の暖房は、家畜暖房用ヒーターを用いて、1機あたり1日300Wh×24hで5機使用と想
定し、7か月（10月～4月）使用した場合のエネルギー量とした。

2.各値は端数を四捨五入としたため、合計値と同値とはならない。

3.電気料金は、1kWh 30円で計算（北海道電力平均単価）し、基本料金等は含まない。

4.灯油への換算は、灯油の単位発熱量44GJ/tであることから、64円/L（平成28年8月3日
値）とした場合81,000円/tとして求めた[6]

表 5.2-3 メタン発酵槽加温エネルギー

| 需要エネルギー | |
|---|---|
| 処理量 t/年[7] | 10,600 |
| メタンガス槽加温熱量 GJ/年 [8] | 2,470 |
| 処理量あたりの加温熱量 GJ/(t・年) | 0.23 |

注：処理量および加温量は生ごみでの値を示す。

第5章 未来社会を導くバイオマス利用技術　　153

表 5.2-4　バイオマスエネルギー供給量

| 供給エネルギー | | |
|---|---|---|
| 牛1頭あたりの家畜ふん尿 | ふん尿量 | 19 t/年 [9] |
| | メタンガス量 | 260 Nm$^3$/年 [10] |
| | 発電電力量 | 810 kWh/年 [10] |
| | 発熱量 | 4.3 GJ/年 [10] |
| 農家1戸あたり（8.6 ha）の稲わらペレット | 稲わら発生量 | 30 t/年 [11, 12, 13] |
| | 発熱量 | 440 GJ/年 [14] |
| 木質ペレット | 発電電力量 | 0.062 kWh/t [15] |
| | 発熱量（CGS） | 7.0 GJ/t [16] |
| | 発熱量（ボイラー） | 16 GJ/t [16] |

注：1. 農家1戸あたりの面積8.6haは、北海道における1農業経営体あたりの経営耕地面積とした。
　　2. 稲わらペレット量は、5地域における1haあたりの稲わら収集量平均4.4tに、稲わら原料から稲わら製品となる際の重量変化（平均0.76倍）を考慮して求めた。
　　3. 木質ペレットの発電量は、木質の直接燃焼時に発電を行っている4施設の1tあたりの発電出力平均を求めた。また、木質ペレットの発熱量は、発電後の廃熱を利用するコジェネレーションシステム（CGS）とし、ボイラー燃焼時の発熱量15.5 GJ/tに廃熱利用率45%を乗じて求めた。


## 5.2.2　集落でのバイオマスの組合せによるエネルギーシステムの検討

　集落全体の需要エネルギーを賄うことが可能なバイオマスの組合せを検討した。


### （1）家畜ふん尿

　家畜ふん尿からのエネルギー供給は、家畜ふん尿をメタン発酵し、得られたメタンガスを燃焼して、電力と熱を生産するコジェネレーションシステムとする。北海道の平均飼養頭数約100頭/戸から発生するエネルギーが、1集落（15世帯30人）の需要エネルギーを賄うことが可能かの検討を行った。その結果、熱エネルギーは不足するが電力は十分であり、更に牛舎1舎を含めた必要電力72,000 kWh/年の供給が可能である。また、余剰電力も約9,000 kWh/年発生する（**図5.2-1参照**）。

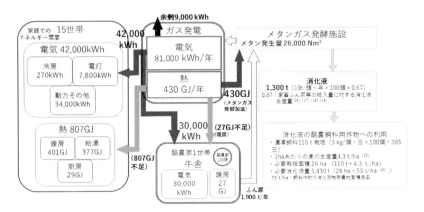

図 5.2-1　家畜ふん尿のメタン発酵によるエネルギー供給（年間の収支）

（2）稲わらペレット

　稲わらペレットからのエネルギー供給は、稲わらペレットをボイラーストーブで燃焼して熱を生産するシステムである。稲わらペレットの燃焼による電力生産は、燃焼温度が低いため発電効率が低くなることから、電力は供給せずに熱エネルギー供給のみとした。北海道の平均農地面積1農家から発生する稲わらペレットによる熱エネルギーが、1集落（15世帯30人）の需要熱エネルギーを賄うことが可能かの検討を行った。1農家分では供給困難だが、2農家分の稲わらペレットであれば1集落で必要な熱エネルギー 807GJ/年の供給が可能である。また、73GJ/年の余剰熱も発生する（**図5.2-2**参照）。

（3）木質ペレット

　木質ペレットからのエネルギー供給は、木質ペレットを燃焼し、蒸気タービン発電で電力と熱を生産するコジェネレーションシステムを用いた場合、1集落（15世帯30人）の需要エネルギーを賄うことが可能な木質ペレット量は、約678千 t/年であり、それにより熱エネルギー 807GJ/年および電力42,000 kWh/年の供給が可能である（発電量は、「バイ

第5章　未来社会を導くバイオマス利用技術　　155

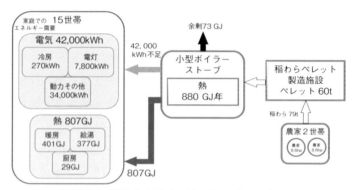

図 5.2-2　家畜ふん尿（コジェネレーション）

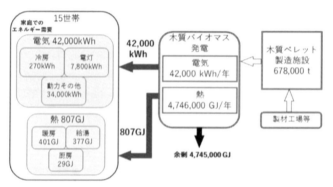

図 5.2-3　木質ペレットによるエネルギー供給（年間の収支）

オマス利活用技術情報データベース」において木質の直接燃焼時に発電を行っている4施設の1tあたりの発電出力平均より求めた）。しかしながら、需要電力を賄うためには、大量の木質をエネルギーに変換しなければならない。また、4,745,000 GJ/年もの余剰熱が発生することから、余剰熱の有効利用を検討する必要があり、多くの余剰熱が利用可能となり、利用先の検討が必要となる（**図5.2-3**参照）。また、ボイラーによる熱エネルギーのみの供給の場合、1集落の熱エネルギーを賄うことが可能な木質ペレット量は、51 t/年となり、熱エネルギー供給のみなので電力は不足する。

## （4）複数バイオマスの組合せ

単体のバイオマスでは、1集落で必要な電力・熱をすべて賄うことは困難であったが、複数のバイオマスを組合せたエネルギー利用システムを検討したところ、電力は家畜ふん尿を用い、熱エネルギーは木質ペレットのボイラーを用いる組合せが、最も効率的なエネルギー供給が可能であった。

酪農家1世帯が飼育する牛100頭からの家畜ふん尿と、51tの木質ペレットから発生するエネルギーで、牛舎1舎および1集落で必要な電力72,000 kW/年、牛舎1舎とメタン発酵槽加温および1集落で必要な熱エネルギー1,264 GJ/年の供給が可能である。また、余剰電力約9,000 kWh/年および余剰熱9 GJ/年が発生する（**図5.2-4参照**）。これより、30人規模の集落にメタンガス発酵施設と木質ペレット製造施設の設置ができ、維持管理が経済的に可能であれば、家畜ふん尿と木質ペレットの組合せは、適用可能である。

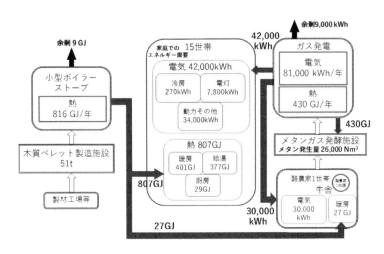

図 5.2-4　家畜ふん尿と木質ペレットによるエネルギー供給（年間の収支）

第5章　未来社会を導くバイオマス利用技術　　157

表5.2-4　各施設における採算可能なバイオマス量

| バイオマス変換施設 | バイオマス種 | 採算可能なバイオマス量 |
|---|---|---|
| メタン発酵施設 | 家畜ふん尿 | 飼育頭数 牛 1,000 頭以上 |
| ペレット製造施設 | 稲わらペレット | ペレット生産量1,500t／年 |
| | 木質ペレット | ペレット生産量900 t／年<br>（900～1,100t／年） |

注：1. メタン発酵施設における採算可能なバイオマス量（牛飼育頭数）は、既存のメタン発酵施設の規模と発電量および売電量の関係、並びに既存のメタン発酵施設の規模と維持管理費の関係から、維持管理費と売電収益が同額となる発電量および施設規模飼育頭数とした。

2. ペレット製造施設における採算可能なバイオマス量（ペレット生産量）は、稲わらペレットおよび木質ペレットが現在の灯油と価格的に同等（灯油価格67円／ L）[17, 18] となる製造原価での生産量とした。

## 5.2.3　バイオマスビレッジを想定したエネルギーシステムの検討

　集落ごとにバイオマス変換施設を建設した場合、小規模のバイオマス変換施設を設置することになり、建設費及び維持管理費等経済面において大規模施設に比べて効率的ではなく、採算性に問題が生じる可能性が高い。そのため、バイオマス変換施設の規模における採算可能なバイオマス量（**表5.2-4**）を求め、そのバイオマス量を基に、バイオマスを複数種類組合せたエネルギーシステムを検討した。その際、集落はエネルギーの地産地消を行う日本版バイオマスビレッジを目指し、使用するバイオマスはできる限り集落で発生したものとし、そのために必要なバイオマス量と面積についても試算した。

　その結果、牛1,000頭/日のふん尿から発生する電力は810,000kWh/年であり、牛舎10舎分の使用電力量300,000kWh/年を差し引くと、居住地区へ供給可能な電力は130世帯260人となる（電力使用量の最も多い月における供給可能量で計算）。一方、ふん尿から発生した熱エネルギーは居住者へ供給可能な量が少ないことから、木質ペレットで供給するものとする。木質ペレットの施設採算可能規模は900 tであるが、居住者需要エネルギー約7,000GJ/年と牛舎10舎分のエネルギー 270GJ/年分の木質ペレットは455 tと約半分の量で賄える。そのため、残り445 t（7,100 GJ/年）については他の集落へのエネルギー販売や、バイオマス変換施

設の木質ペレット製造施設を複数の集落で共同利用する等を行う。また、電力使用量の最も多い月に130世帯260人分を供給可能として設定しているため、5月から12月は11,000〜16,000kWhの余剰電力が生じることから、余剰分は売電する。

さらに、これらエネルギー生産に必要なバイオマスを集落内で確保し、エネルギーの地産地消が可能なバイオマスビレッジを構築するためには、居住エリア6.5km$^2$の集落に対して、牛の飼養面積13km$^2$および森林面積27km$^2$が周辺に存在する必要がある。以上、バイオマスにてエネ

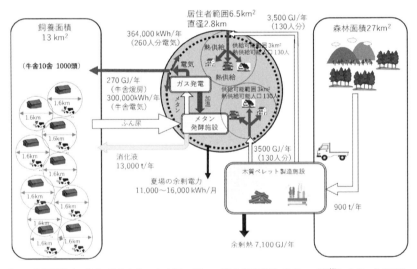

注：1. 酪農面積は、乳牛1頭あたりのふん尿の畑への還元必要面積（1.3ha／頭[19]）より、約1,300ha（13km$^2$）。
2. 木質ペレット900tの生産可能な森林面積は、[バイオマス必要量（t）×（生木含水率／バイオマス含水率）] ÷ [単位面積当たりの森林蓄積量（m$^3$／ha）÷ 森林蓄積量の密度（m$^3$／t）] × 間伐材と主材の比率 × 樹木の伐採までの年数より、約2,700ha（約27km$^2$）。
3. 居住者面積は、北海道の酪農地域のうち乳牛飼養頭数の多い10自治体の平均人口密度約40人／km$^2$より、6.5km$^2$（直径2.8kmの円内）。
4. ボイラー施設からの熱供給可能範囲が3km$^2$程度[20]であることから、ボイラー施設は居住エリアに2箇所設置し、熱供給を行う。

図 5.2-5　バイオマスビレッジにおけるバイオマス資源と居住エリアの面積

ルギーの地産地消を行う日本版バイオマスビレッジの提案を**図5.2-5**に示す。

　一方で、参考までに道内の乳牛のふん尿をすべてメタン発酵した場合の電力ポテンシャルを試算すると、平成30年3月現在、北海道の乳牛は約81万頭であるので、約21万人分の需要電力を賄うことが可能である。苫小牧市（17.3万人）、帯広市（16.8万人）あるいは釧路市（17.4万人）規模の地域へ電力の供給が可能となる。

### 5.2.4 バイオマスビレッジ構築に向けた課題

　未来社会において、バイオマスビレッジ構築のためのバイオマス量や大まかな施設条件について整理をした。今後さらに、バイオマスビレッジ構築のために具体的に進めていく事項としては、以下の2つが挙げられる。

　1. バイオマス変換施設の採算性向上の検討
　2. 効率的な熱供給装置の開発

## 5.3　未来社会に対応した焼却処理事業のあり方について

### 5.3.1　背景

（1）焼却処理の必要性

　現在、多くの自治体で焼却対象となっている一般廃棄物中の生ごみが、将来的にバイオマス利活用が可能となっていった場合においても、焼却処理は一般廃棄物の中間処理技術として大きな役割を担っていくと考える。その理由は以下に示すとおりである。

①エネルギー利用の観点から、生ごみを分別し、メタン発酵等のバイオマス活用システムを採用した場合においても、生ごみを除いた残りの廃棄物処理が必要となる。

②焼却処理は、リサイクルが難しい汚れた紙類、プラスチック類やバイオガス化が難しい生ごみ等も処理可能であり、処理対象が幅広い技術

である。

③生ごみを除いた残りの一般廃棄物は、主に紙・布類、プラスチック類がメインとなるため、高カロリーのごみとなる。したがって、焼却廃熱を利用したエネルギー回収の効率化が期待できる。

（2）ごみ量減少による影響

一方で、わが国の将来は人口減少と環境への意識向上から、これからもごみ量は減少してくことが予想にたやすく、焼却処理事業は未来社会に対応したあり方が問われている。

①一般廃棄物のごみ総排出量は2000年度の5,483万t／年から2015年度には4,398万t／年まで減少傾向にあり、一人一日当たりごみ排出量も2000年度の1,185 g／人日から2015年度には939 g／人日まで減少を続けている[21]。

②今後も人口は減少傾向が予測されており、2010年と比較して2040年に、約7割の自治体の人口が約20％減少する推計がなされている[22]。さらに、約2割の自治体では、人口が40％以上減少する推計がなされている[22]。

③焼却施設は、運営に係る費用のうち、人件費等の固定費が占める割合が非常に大きいため、ごみが減少を続けても運営費の削減は限定的である。

④処理対象ごみ量が減少した場合には、低負荷状態の運転を行うことになるが、一般的に80 ～ 85％を下回る低負荷状態では、燃焼状態が安定せず排ガスの性状が安定しない、助燃が必要となる等様々な問題が発生する可能性がある。

（3）焼却施設に求められるエネルギー回収への取り組み

環境省は、平成21年度から高効率な発電を行う一般廃棄物焼却施設への交付金の割合を増やすこととし、平成26年度からは発電に限らず高効率なエネルギー回収を行う施設を対象として、同様な交付金制度を維持

する等、焼却施設におけるエネルギー回収の重要性がより高まっている。一方で、施設規模100t/日程度以上の施設であれば、蒸気タービンを設置し、場内消費電力を賄ったうえで余剰分を売電することで、高効率なエネルギー回収が可能になるが、処理対象ごみ量が減少した場合に、当初の処理対象ごみ量を基に設計した蒸気タービンでは、発電効率が大きく減少する懸念がある。

　従来、一般廃棄物焼却施設の事業形態は、自治体が自ら整備し運営（運転管理のみ民間に委託する場合もある。）する公設公営方式が採用されてきたが、近年では整備および運営を包括して民間に委託するDBO（Design Build Operation）方式が増えている[23]。しかし、DBO方式においても処理対象物の設定や収集・運搬は自治体が実施することが多く、ごみ減少社会における処理対象物の確保については検討の余地がある。

### （4）産業廃棄物の中間処理

　農業や漁業等の事業活動により発生する廃プラスチック類は「産業廃棄物」となるため、自治体が整備する一般廃棄物処理施設では一般的に処理されていない。しかし、一般廃棄物にもプラスチックが含まれているため、産業廃棄物の廃プラスチック類を一般廃棄物と混焼することは技術的に支障なく、一部の自治体ではすでに混焼を決定している。

　中間処理目的で都道府県を越えて広域移動した産業廃棄物の量は、全国計3,796.7万tであり、このうち、303.2万tが廃プラスチック類である[24]。

　したがって、一般廃棄物焼却施設が、同一都道府県内の廃プラスチック類等の産業廃棄物を混焼すれば、広域移動に伴う費用や環境負荷を低減できる可能性がある。

### 5.3.2　焼却施設のあり方の提案

　将来的に生ごみ分別や人口減少に伴い一般廃棄物の焼却対象ごみ量が減少していくことを想定し、現在広域に移動して処理がなされている産業廃棄物廃プラスチック類を混焼することにより、安定したごみ処理及び発電の継続、コストの低減が図れると考える。

### 5.3.3　経済性シミュレーション

（1）目的

　将来的な焼却対象ごみ量の減少に対して、焼却施設で産業廃棄物廃プラスチック類を混焼することによるコストメリットを検証する。

（2）設定するケース

　**表5.3-1**に示す3つのケースそれぞれにおいて、経済性の試算を行う。

表5.3-1　シミュレーションのケース設定

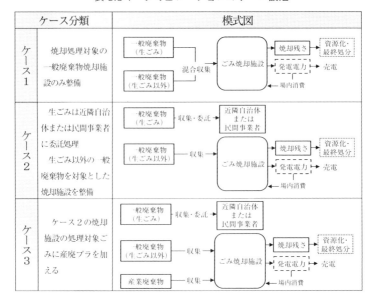

第5章　未来社会を導くバイオマス利用技術　　163

表5.3-2　前提条件のまとめ

| 項　目 | | 単位 | ケース1 | ケース2 | ケース3 |
|---|---|---|---|---|---|
| 計画稼働期間 | | － | 30 年間 | | |
| 処理対象ごみ量（一般廃棄物）1 | | | 725,653 | 613,903 | 613,903 |
| 生ごみ委託処理量 | | | 0 | 111,750 | 111,750 |
| 処理対象ごみ量（産業廃棄物）1 | | | 0 | 0 | 68,207 |
| 焼却施設 | 焼却施設規模 | t /日 | 100 | 85 | 85 |
| | 施設整備費単価 2 | 千円 / 施設規模 t | 72,000 | | |
| | 運営費単価（用役）3 | 千円 / ごみ処理 t | 1.14 | | |
| | 運営費単価（人件費）4 | 千円/年 | 168,000 | | |
| | 運営費単価（点検・補修費）5【値は年間平均値】 | 千円/年 | 385,000 | 327,000 | 327,000 |
| | 売電収入 6（値は初年度のもの） | 千円/年 | 75,264 | 74,592 | 74,592 |
| 生ごみ委託処理費 7 | | 千円 /ごみ処理 t | － | 25 | |
| 産廃処理手数料（収入）7 | | 千円 /ごみ処理 t | － | | -25 |
| 産廃運搬費用 7 | | 千円 /ごみ処理 t | － | | 8 |

1：処理対象ごみ量（一般廃棄物）は人口減少に比例して減量するものとし、ケース3の処理対象ごみ量（産業廃棄物）は、減量した一般廃棄物分を受入れるものとした。

2：平成24年度～平成28年度に入札公告された他自治体の予定価格平均値

3：「廃棄物処理のここが知りたい　改訂版（2013年　一般財団法人日本環境衛生センター）」を基に設定

4：運転人員28名×6,000千円／人・年として設定

5：「廃棄物処理施設長寿命化総合計画作成の手引き（ごみ焼却施設編）（平成27年3月改訂　環境省）」を基に設定

6：売電単価はFITを考慮せず10.0円/kWhとして算出

7：他自治体における実績等を基に設定

（3）主な前提条件

シミュレーションを実施するにあたり、各ケースの前提条件を**表5.3-2**に示すとおりまとめた。近年では70t/日程度の焼却施設規模でも焼却廃熱を利用した発電を行い、場内消費電力を賄うことができるケースがあるが、一般的に100t/日未満の焼却施設規模で発電等のエネルギー回収が十分に行われていない[25]ことから、規模ケース1の焼却施設規模は、100t/日と設定した。これは人口規模10万人程度の自治体における規模

164

である。

　処理対象ごみ量算出の基本となる人口は、30年間で20％減少する場合と、30年間で40％減少する場合の2パターンについて30年間分の経済性のシミュレーションを実施した。

（４）シミュレーション結果

　3ケースのシミュレーション結果を**図5.3-1**および**図5.3-2**に示す。

　ケース１とケース２では、人口減が30年で20％の場合と30年で40％の場合のいずれにおいても、コストに大きな差は無い。

　ケース３ではケース１およびケース２と比較して、人口減が30年で20％の場合で約15億円、人口減が30年間で40％の場合で約30億円のメリットが生じる結果となった。

　人口減少等によりごみの減量が進むほど、ケース１およびケース２ではごみ処理単価は増加するが、ケース３ではごみ処理単価が減少する結果となった。

　以上のことから、設定した前提条件においては、産業廃棄物廃プラスチック類を一般廃棄物と混焼して稼働率を確保することで、経済的には相当の効果があることが分かった。

　本シミュレーション結果から、人口減少等によりごみ量が減少する地域では、1つの方向性として産業廃棄物廃プラスチック類を混焼することによるコストメリットが生じることがわかった。焼却処理施設にとって焼却処理量の確保は、コストのみならず、容易な運転計画の立案・安定燃焼による環境負荷の低減にもつながるため、コスト以外のメリットも期待できる。


### 5.3.4　未来社会に対応した焼却施設事業のあり方

　産業廃棄物廃プラスチック類の混焼については、いくつかの課題があり、これらを地域の状況に応じて検討した上での対応が必要である。

（１）事業形態

第 5 章　未来社会を導くバイオマス利用技術

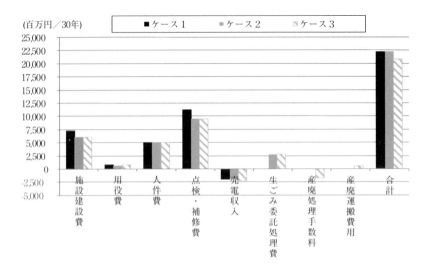

図 5.3-1　シミュレーション結果①【人口減 30 年で 20％の場合】

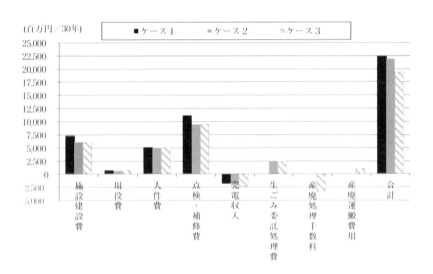

図 5.3-2　シミュレーション結果②【人口減 30 年で 40％の場合】

廃プラスチック類を含む産業廃棄物を処理対象として事業を営んでいるのは産業廃棄物処理業者であるが、通常の一般廃棄物処理施設整備・運営事業に参画する事業者はプラントメーカが多く、産業廃棄物の収集・運搬に関するノウハウを有しているわけではない。

そのため、産業廃棄物の収集については、自治体・プラントメーカ・産業廃棄物処理業者3者の連携が重要となり、自治体と事業者の責任（リスク）分担を明確にしたうえでの事業推進が重要である。

併せて、産業廃棄物処理手数料（収入）の設定を自治体が行うのか、事業者が行うのか、検討が必要である。手数料（収入）設定を事業者に任せる場合は、そのリスクを前提としてコストの縮減を図ることができるが、計画通りに産業廃棄物を収集できない場合の事業継続性等には留意が必要となる。

産業廃棄物を公共が処理することについて、民業の圧迫につながるおそれがあるため、近隣の産業廃棄物処理業者の実態を調査するとともに、産業廃棄物処理業者が事業に参画できる事業形態が望ましい。

**図5.3-3**に産業廃棄物の混焼を行う焼却施設の事業形態（案）を示す。産業廃棄物の収集・運搬以外は、近年のDBO事業と同様の事業範囲区

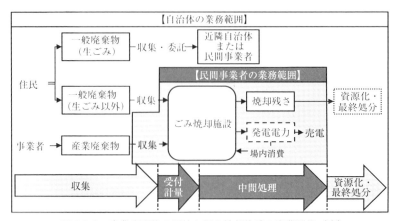

図5.3-3　産業廃棄物の混焼を行う焼却施設の事業形態（案）

分で特に問題は無いと考える。

　これらの事業条件について、実際に事業を進める場合には公共と事業者の間で締結する事業契約書において、双方の役割分担およびリスク分担をできる限り明確にしておく必要がある。


（2）法制度

　現状の廃棄物の処理及び清掃に関する法律では、一般廃棄物の処理責任は市町村、産業廃棄物の処理責任は排出者（事業者）であるため、これらを合わせて処理する場合には、いずれの許認可も必要である。

　また、環境省の循環型社会形成推進交付金等の補助を受ける場合には、産業廃棄物は対象外となるため、処理量に応じて交付金等を適用外とする対応が必要である。


（3）産業廃棄物廃プラスチックの情報収集

　地域特性に応じて、産業廃棄物廃プラスチック類の発生源、収集・処理可能量、形状、種類等が異なると考えられるため、対象地域における産業廃棄物廃プラスチック類の情報について、調査が必要である。

　産業廃棄物廃プラスチック類の発生源・形状・種類に応じて収集・運搬の方法や前処理の必要性を検討する必要がある。


## 5.4　稲わら等農業残渣のバイオマス燃料利用に向けて

### 5.4.1　農業残渣の利活用の現状

　未利用バイオマスとして農業残渣は、稲わら、麦稈、籾がら等であり、年間1,300万t発生している。その内、88％が鋤込みされており、鋤込みを除くと32％しか利活用されていない[26]。農業残渣の内、最も発生量が多いのが稲わらであり、年間約850万t発生しており[27]、約75％が鋤込みされている。稲わらの鋤き込みに関しては賛否両論あるが、温室効果

ガスであるメタンの発生が大きい[28]、初期生育不良の原因[29]、タンパク含有率を高める原因になるという見解がある[30]。鋤込みに適さない圃場については、収集して別途利用方法を考えていく必要がある。

## 5.4.2　農業残渣利活用の課題

　農業残渣は、牛ふん等の家畜ふん尿の堆肥化の際に水分調整材として利用されている例や籾がらの燃料利用の例は存在するが、全体として利活用事例は限られている。南幌町[31] では先駆的に、稲わらペレットの燃料利用が試みられている。農業残渣は、夏から秋の一時期に大量に発生し、かつ低密度で存在するため、収集－保管－燃料化－輸送の燃料サプライチェーンを構築するためには、以下の課題が存在する。

①かさ密度が低く嵩張るため、輸送コストが高く、広大な保管スペースが必要となってしまう。

②含水率が高く、燃料化するためには乾燥工程が必要である。

③破砕しづらいため、破砕に膨大なエネルギーが必要となる。

④木質バイオマスよりも発熱量が低いので、燃料としての価値が低い。

　これらの課題は、農業残渣を燃料利用する上で不利な、マイナスの条件ばかりであるが、化石燃料の高騰や木質バイオマスの競合が起こると考えられる未来社会のために、このような使いづらい農業残渣も利用していくための技術開発が望まれている。

## 5.4.3　農業残渣のマイナス面を払拭する半炭化技術

　このような農業残渣の燃料利用上の課題を克服するための前処理方法として半炭化がある。半炭化とは、トレファクション（Torrefaction）とも呼ばれており、空気遮断下において、通常の450℃以上の炭化（熱分解）プロセスとは異なり、200℃から300℃で、ほどほどに炭化するプロセスである（詳細は参考文献[32] を参照）。木質バイオマスの半炭化に関する研究は、国内外に多く存在するが、農業残渣の半炭化の例は本研

第5章 未来社会を導くバイオマス利用技術　169

究も含め限られている。熱分解により、原料中に含まれるセルロースやヘミセルロース、リグニンが分解・揮発し、熱分解ガスを発生するので、エネルギー総量は減少するが、重量も減少するので、単位重量当たりの発熱量は増加する。

半炭化により、かさが減少し、含水率もほぼゼロとなり、破砕性も向上し、かつ単位重量当たりの発熱量が増加するので、上記①〜④のサプライチェーン上の課題の解決が期待されている。

### 5.4.4　稲わらの半炭化実験

木塚ら[33)]は、窒素気流下で190℃から280℃の半炭化温度範囲で、60分の処理時間で、予め乾燥した稲わらの半炭化を行った。半炭化温度と低位発熱量の関係と熱残存率の関係を図5.4-1に示す。低位発熱量は、熱量計にて高位発熱量を測定した後、水素含有量を用いて低位発熱量に変換した。半炭化により、熱分解ガスの発生（揮発分の減少）により、元々のエネルギー量は減少する。その減少分を評価するために、乾燥稲わらの有する低位発熱量に対する各条件下での半炭化物の低位発熱量の

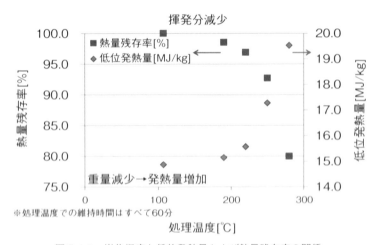

図5.4-1　炭化温度と低位発熱量および熱量残存率の関係

割合を熱量残存率として算出した。

半炭化温度を上げるほど、揮発による減少が顕著になるので、低位発熱量は増加することがわかる。乾燥稲わらの低位発熱量が15 MJ/kg弱であるのに対し、280℃で炭化すると19 MJ/kg以上まで増加することがわかる。なお、木質ペレット協会が定める木質ペレット品質規格[34]では、発熱量規格が16.5 MJ/kg以上（基準AおよびB）であることを考慮すると、発熱量では木質ペレットと同等かそれ以上の熱量を有する燃料を製造することができる。

一方、熱量残存率に着目すると、半炭化温度280℃では約20%のエネルギーが損失してしまう。破砕性については、220℃で半炭化すれば、破砕性が向上することが別途分かっているので、220℃で半炭化すれば、エネルギー損失を5%以下に抑え、燃料化することが可能となる。

### 5.4.5　他の農業残渣の半炭化の検討

未来社会を想定して、現在は着目されていない他の農業残渣として、稲わらに加えて、籾殻、スイカの茎、とうもろこしの根本と葉を、

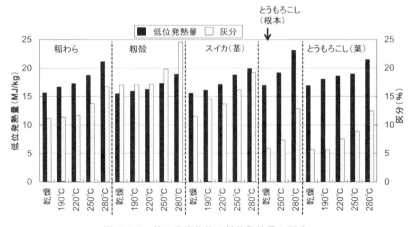

図5.4-2　他の半炭化物の低位発熱量と灰分

190℃〜280℃で60分間、半炭化を試みた[35]。**図5.4-2**に低位発熱量と灰分の測定例を示す。いずれの農業残渣も、半炭化温度の上昇とともに、低位発熱量が増加することもわかる。同時に、揮発分が減少するので、相対的に灰分も大きくなることがわかる。木質ペレットの灰分は、0.5%〜1.0%（基準AおよびB）[34]であり、比較的灰分の高い木質ペレットでも5.0%程度（基準C）[34]であることから、農業残渣を燃料利用するには、灰分が多いことがデメリットとなる。さらに、灰の成分によっては、クリンカが生じることを考慮しなくてはいけない[33]。

　低位発熱量が高く、比較的灰分が少ない農業残渣が燃料利用に適していると考えると、とうもろこし（根本、葉）、稲わら、スイカ、籾殻の順となる。また、乾燥時の低位発熱量と280℃での半炭化後の低位発熱量の差が大きい試料については、半炭化による熱量増大の効果が大きいと判断できることから、とうもろこし（根本、葉）と稲わらが、スイカや籾殻と比べると、半炭化の効果が大きいと言うことができる。

## 5.4.6　未来社会に向けた農業残渣の燃料化に向けて

　農業残渣は、燃料利用という視点で、木質系バイオマスと比べて、灰分が多いという点で圧倒的に不利である。しかし、木質バイオマスを利用した大型バイオマス発電施設の建設が相次ぐ中、地域で利用できる木質バイオマスの不足が今後顕著になるかもしれない。化石燃料が高騰する未来社会で、地産地消の燃料を確保する意味でも、農業残渣利用の検討は必要である。

　今回の半炭化による農業残渣の前処理は、収集−保管−燃料化−輸送からなるサプライチェーンの中でどの段階で行うのか、検討する必要がある。例えば、収集段階で半炭化すると輸送と保管コストの削減に、保管施設で半炭化すると保管コストの削減につながる。また、ペレット等の燃料化処理を施してから、半炭化することも考えられる。

　また、半炭化物の燃料利用先についての検討も必要である。木質と半

炭化稲わらの混合ペレットの燃焼[33]、半炭化物の石炭火力発電所、あるいは木質バイオマス発電所での混焼、半炭化物単独でのボイラ利用等、今後、実証的な検討が望まれる。

　半炭化プロセスには、今回紹介した乾式以外にも、水熱式（水分共存下で1〜5MPaの圧力下）もある[36]。農業残渣の水熱式半炭化により、エネルギー利用だけではなく、農業残渣中の炭素資源のマテリアル利用、メタン発酵資材利用等、未来社会のバイオリファイナリーにつながる検討も期待されよう。


## 5.5　メタン発酵システムにおける新たな消化液利用方策
### 5.5.1　メタン発酵システムへの社会要請

　新たなバイオマス活用推進基本計画（平成28年9月16日閣議決定）[3]では、「地球温暖化の防止」、「バイオマス産業の発展」、「農山漁村の活性化」等を重視したバイオマス活用の推進の方向性が述べられている。

　利用率の目標としては、表5.5-1に示す値が示されており、家畜排せつ物については、2025年（平成37年）に約90%が利用されることを目指すとものとされている。その推進方法は、図5.5-1に示すように、従来から行われている堆肥等の利用に配慮しながらも、地域の実情に応じてガスや電気・熱といったエネルギー生産を組込み、高度エネルギー利用を促進していくことを目指すものとされており、その具体的方法として、メタン発酵システムへの期待が大きい。


### 5.5.2　メタン発酵システムの普及上の課題

　家畜排せつ物を主原料としたメタン発酵システムの普及において、「安定的な原料の確保」、「効率的なメタン発酵システムの開発」、「消化液の液肥利用の推進、有効利用方策の開発」等、経済性の観点からいくつかの課題が存在している。「安定的な原料の確保」については、安定的・

表 5.5-1 バイオマス利用率の目標 [3]

| バイオマスの種類 | | 現在の年間発生量 (※2) | 現在の利用率 | 2025年の目標 |
|---|---|---|---|---|
| 廃棄物系 | 家畜排せつ物 | 約 8,100 万トン | 約 87% | 約 90% |
| | 下水汚泥 | 約 7,800 万トン | 約 63% (※3) | 約 85% |
| | 黒液 | 約 1,300 万トン | 約 100% | 約 100% |
| | 紙 | 約 2,700 万トン | 約 81% | 約 85% |
| | 食品廃棄物 | 約 1,700 万トン | 約 24% | 約 40% |
| | 製材工場等残材 | 約 640 万トン | 約 97% | 約 97% |
| | 建設発生木材 | 約 500 万トン | 約 94% | 約 95% |
| 未利用系 | 農作物非食用部（すき込みを除く。） | 約 1,300 万トン | 約 32% | 約 45% |
| | 林地残材 | 約 800 万トン | 約 9% | 約 30%以上 |

※1　現在の年間発生量及び利用率は、各種統計資料等に基づき、平成28年（2016年）3月時点で取りまとめたもの（一部項目に推計値を含む。）。
※2　黒液、製材工場等残材、林地残材については乾燥重量。他のバイオマスについては湿潤重量。
※3　下水汚泥の利用率は東日本大震災の影響で低下。

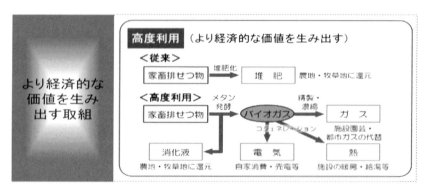

図 5.5-1　家畜排せつ物高度利用の推進 [37]

経済的に家畜排せつ物を収集・運搬するシステム構築といった観点から、個別に合意形成を図りながら、解決策を見出していく努力が各地で取り組まれているところである。また、「効率的なメタン発酵システムの開発」については、安定的な高温発酵システムの製品開発が進められており、将来において、その普及が期待されるところである。
　一方、「消化液の液肥利用の推進、有効利用方策の開発」は、現時点

では、その課題解決に向けた見通しは、不透明な状況にある。乳牛の排せつ物を原料とするメタン発酵消化液は、高濃度の窒素やリンを含んでいる。消化液の成分の既往調査結果は、**表5.5-2**に示すように、T-Nで1,310 〜 2,520mg/L、T-P10 〜 37.8mg/Lとなっており、水質汚濁防止法に基づく排水基準（窒素含有量120mg/L（日間平均60mg/L）、燐含有量16mg/L（日間平均8mg/L））と比較しても、これを大きく上回る値となっている。液肥利用できない場合は排水処理装置を設置し、窒素・リンを除去する必要があり、これに大きな処理経費を要することとなる。現時点では、大規模な牧草地等での液肥利用が可能な地域を中心にメタン発酵システムの導入が進められてきているが、今後さらに普及を進めていくためには、液肥利用以外の有効利用方策の開発が重要なポイントとなっており、この分野での技術革新が、メタン発酵システムの普及を大きく向上させられる可能性がある。

表 5.5-2　メタン発酵消化液の性状（乳牛の排せつ物を原料とする）

| 項　目 | 単位 | 消化液（液分[*2]） | | | 出典 |
|---|---|---|---|---|---|
| 全窒素（T-N） | mg/L | 1,310 | - | 2,520 | 38）-39） |
| アンモニア態窒素（NH$_4$-N） | mg/L | 928 | - | 2194 | 38）-40） |
| 硝酸態窒素（NO$_3$-N） | mg/L | <0.2 | - | 20 | 40）-41） |
| 全りん（P） | mg/L | 10 | - | 37.8 | 38）-41） |
| りん酸（PO$_4$） | mg/L | 3 | - | 24 | 39）-41） |
| カリウム（K） | mg/L[1] | 1490 | - | 2060 | 40）-41） |
| 全炭素（T-C） | mg/L | | | 1,930 | 39） |
| BOD | mg/L[1] | 489 | - | 1,794 | 38）-39） |

注：[*1] 消化液の密度を1kg/Lとして質量%から換算したものを含む
[*2] 文献により固液分離方法は異なる。

### 5.5.3 消化液の新たな利用方法開発の方向性

　家畜排せつ物を原料とするメタン発酵消化液は、高濃度の栄養塩類を含んでおり、その特徴を生かした利用方法の開発が望まれる。

　一般に、栄養塩類は植物の生育・増殖にとって必須ものものであることから、その水質を適切に管理しながら、農産物等の栽培や植物培養等に用いることが有効であると考えられる。

　近年、従来とは異なった方法で農作物の栽培や植物培養を行う技術開発が、国内外で活発に取り組まれている。例えば、野菜を安定した品質で衛生的に生産する植物工場は、すでに各地で事業化が進められており、また、燃料や有用成分等の採取を目的とした、微細藻類の大量培養等の研究が各方面で進んでいる。いずれもエネルギー、栄養塩類等の資源を集約して、大量の農作物や有用成分等を安定した品質で効率的に生産しようとするものであり、安定的な栄養塩類の確保・供給がシステム構築上の重要なポイントとなっている。

　酪農地域の乳牛等からの家畜排せつ物は、年間を通して安定的に供給可能であることから、メタン発酵システムで発生する消化液は、植物工場や微細藻類培養で必要とされる栄養塩類の安定的な供給源として活用できる可能性があると考えられる。植物工場における利用は、技術的課題は少なくなってきており、今後、社会実装される事業も増えていくことが想定される。また、微細藻類培養については、精力的に研究が進められ、基礎的技術は確立されつつあるものの、経済的に自立可能なシステム構築のための研究が進められており、社会実装の実現にはまだ時間を要する段階にある。

### 5.5.4 消化液を用いた土着藻類の培養について

　従来、微細藻類の培養研究は、油や有用成分の生産効率の高い特定の藻類に絞って行われてきたが、他の種が増えないような管理や冬場の温度管理等、コスト面・技術面での課題がある。近年、このような課題をクリアする方法として、土着の微細藻類に注目した研究が進められてい

る。例えば、現地に生息する複数の微細藻類からなる土着藻類を用いることで、年間を通して安定的に大量培養し、オイル生産を行う研究が福島県南相馬市において進められている。この研究では、**図5.5-2**に示すように、年間を通して安定的な土着藻類の生産が確認されている。年平均生産性は10.6g/m$^2$/dayと、商業規模でのバイオマス生産が行われているクロレラ属（Chlorella）、スピルリナ族（Spirulina）、ドナリエラ族（Dunaliella）、ヘマトコッカス族（Haematococcus）の生産性10～25g/m$^2$/dayに匹敵すると報告されており、引き続き最適な大量増殖技術確立並びに生産された土着藻類のオイル生産利用についての研究が進められている[42]。

このような土着藻類の培養液としてメタン発酵消化液を用いるシステムは、「栄養塩類の安定供給」、「メタン発酵で生成する$CO_2$の有効利用」等の利点を備えた低コストで実現できるバイオマス循環システムとなる可能性がある。このシステムでは、生産された土着藻類の利用方法の開発も技術的課題の一つとなるが、これは前述のオイル等の有用物の生産のほか、メタン発酵原料としての循環利用など多様な可能性が想定される。現在、北海道大学では、メタン発酵消化液を培養液として利用する

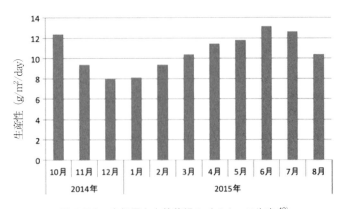

図5.5-2　南相馬市土着藻類のバイオマス生産[42]

第5章　未来社会を導くバイオマス利用技術　　177

基礎試験を始めている。試験結果の概要は、**表5.5-3**に示すとおりであり、現時点では、メタン発酵消化液の培養液としての有効性が確認されたところである。今後、培養条件やCO$_2$の供給方法、土着藻類の回収方法の工夫等を行うことにより、本システムの生産ポテンシャルを明らかにするとともに、生産された土着藻類の利用方策等についても研究を進めることとしている。

　ここで紹介した研究事例は、メタン発酵消化液の利用方法として微細藻類の研究知見を活用した方向性の一つを示すものであるが、今後多様な分野の知の連携により、メタン発酵消化液の利用技術などバイオマスの有効利用に係る課題解決のための技術革新を進め、持続可能性の高い未来の地域社会の実現に貢献することが期待される。

表5.5-3　消化液による土着藻類培養試験結果の概要 [43)]

| 項　目 | 内　容 |
|---|---|
| 目的 | ①　消化液培地での藻類の対数増殖速度を最大化するための条件を明らかにすること。（バッチ試験）<br>②　藻類生産性と窒素・炭素源の挙動の解明（水槽試験） |
| 実験方法 | ①　バッチ試験<br>②　水槽試験（いずれも室内試験） |
| 使用した消化液 | 北海道内の牧場から提供された消化液 |
| 土着藻類の採取場所 | ・札幌市内（大野池北海道大学内）<br>・焼津市内（溜水） |
| 試験結果の概要 | 【バッチ試験結果】20〜100倍の希釈率の範囲では、20倍、50倍が最も生産性が高い。<br>【水槽試験結果】生産性は、1.3〜3.2g/m²/day。（水温度20〜23℃） |

## 5.6 バイオマス由来の水素サプライチェーンの展開

### 5.6.1 なぜ水素のサプライチェーンなのか

　家畜ふん尿のバイオガス化施設は、地域の悪臭問題や地下水汚濁等の問題解決に加え、地域における再生可能エネルギー利用や資源循環に貢献するため、その普及が期待されている。

　しかし、送電線容量が不足している地域では、売電が出来ず、バイオガス化施設を導入できない現象が起こっている。

　現在、国内では水素社会の構築に向けた様々な取り組みが行われており、将来は、自動車利用や水素燃料電池によるコジェネ等の水素需要が大きく拡大することが予想される。そこで、この問題の解決策の一つとして、バイオガスから水素を製造して利活用する水素サプライチェーン実証事業を行うこととなった。

　また、農業地域においては、災害時のエネルギー供給が課題となっている。例えば、機械化の進む酪農地域では、停電により甚大な被害を受けるリスクがある。

　このような背景を踏まえ、貯蔵、輸送が可能な水素を利用して、災害に強い農業、エネルギー自給率の高い農業を実現する地産地消型モデルを構想するに至った[11]。

### 5.6.2 しかおい水素ファーム

#### （1）事業概要

　構想したモデルは、環境省「平成27年度地域連携・低炭素水素技術実証事業」に、「家畜ふん尿由来水素を活用した水素サプライチェーン実証事業」として応募し、採択された。

　北海道鹿追町の環境保全センター内に実証事業施設を設置し、平成29年1月24日に運転をスタートさせた。

　実証事業の概要を**表5.6-1**に、実証事業フローを**図5.6-1**に、施設の外観を**写真5.6-1**に示す。

第5章　未来社会を導くバイオマス利用技術　　179

　本実証事業では、家畜ふん尿のメタン発酵施設からバイオガスを調達し、低炭素水素を製造・貯蔵・輸送・供給・利用するまでの一貫した水素サプライチェーンを実証し、さらに地域と連携して将来の展開モデルを構想して、これを水平展開するための課題と対策について検討する。

表 5.6-1　実証事業の概要

| | |
|---|---|
| 環境省事業名 | 地域連携・低炭素水素技術実証事業<br>（低炭素な水素サプライチェーン実証事業） |
| 採択事業名 | 家畜ふん尿由来水素を活用した水素サプライチェーン実証事業 |
| 事業実施者 | エア・ウォーター株式会社（代表企業）<br>鹿島建設株式会社<br>日鉄住金パイプライン＆エンジニアリング株式会社<br>日本エアープロダクツ株式会社 |
| 実施場所 | 北海道　鹿追町、帯広市 |
| 実施期間 | 平成27年度～平成31年度 |

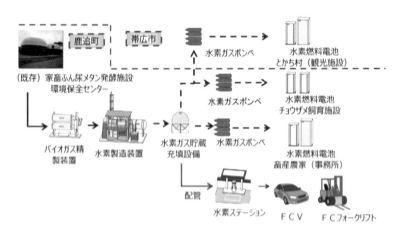

図 5.6-1　実証事業フロー

写真 5.6-1 施設の外観（水素製造施設、水素ステーション）

（2）運転状況

**表5.6-2**に水素製造施設・水素ステーション・燃料電池等、各施設の概要を示す。

環境保全センターで回収されるバイオガスは、57％程度のメタンを含んでおり、膜分離プロセスで、メタンを濃縮した精製ガスと純度の高い二酸化炭素に分離される。水素製造装置では、この精製ガスを原料として水蒸気改質法にて水素ガスを製造する。

水素ステーションには、FCV用の70MPa充填ノズルとFCフォークリフト用の35MPa充填ノズルの両方を備えたダブルノズル方式のディスペンサを設置した。

FCV1台とFCフォークリフト1台に水素を供給しており、FCフォークリフトは、主に農産物倉庫等で利用している。

水素は、ガスボンベを束ねたカードルに充填して運搬し、3か所に設置した純水素燃料電池で利用している。

各施設は概ね設計通りの運用、運転が行われており、水素サプライチェーンの実証ができた。

第5章　未来社会を導くバイオマス利用技術　　181

表 5.6-2　施設の概要

| バイオガス精製施設 | バイオガス　60 Nm$^3$/hr（最大） |
|---|---|
| 水素製造施設 | 水素製造量　70 Nm$^3$/hr（最大） |
| カードル | 16基（圧力19.6MPa） |
| 水素ステーション | 水素供給能力　100 Nm$^3$/hr以上 |
| 水素燃料電池 | 700W×4基（設置3か所） |

### 5.6.3　水素ファームの将来構想

　本事業では、産官学が参加する検討委員会において、水素ファームの将来構想案を検討した。**図5.6-2**に2016年度に作成した将来構想案を示す。

　この将来構想は、災害に強く、エネルギー自給が可能な農業地域をより確実性の高い水素利活用技術を中心に構築するよう留意している。

　基本となる考えは、①実用化されている水素利用を主体とする、②電気、熱の両方の需要が見込まれる酪農家での業務用燃料電池利用を行う、③病院や学校他の公共施設が集中する町の中心部に比較的規模の大きな業務用燃料電池を設置し、パイプラインで水素を供給する、④FCV・FCバスを災害時の非常用電源として位置づける、⑤水素製造時に分離される二酸化炭素の農業利用等を検討する、⑥FCトラクタ等の農業用重機への水素利用については、今後の検討課題として導入可能性調査を行うことの6つである。

　現在、この展開モデルの実現に向けた課題を整理し、対策の検討、実現性の評価を行っているところである。課題は、需要の確保・設備の高効率化・利用先への水素供給方法等であり、これらの課題を解決することができれば、将来において、乳牛2,000頭規模（水素製造量200万Nm$^3$/年規模）の地産地消型事業が実現可能と考えられる。

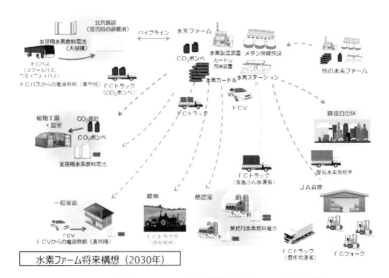

図 5.6-2　水素ファームの将来構想案（2016 年度作成）

### 5.6.4　再生可能エネルギー大量導入への貢献

　北海道は、風力発電・バイオマス利用等による再生可能エネルギーのポテンシャルが非常に大きい。陸上風力発電で日本全国の47％（洋上風力発電も含めるとさらに大きなポテンシャルがある）、乳用牛の58％が北海道で飼養されている等、バイオマスの賦存量も多い[15]。

　しかし、風力発電・バイオマス等のポテンシャルが大きい地域は、電力消費量が少なく、需要地に電気を供給するための送電線の容量が不足している。

　水素は、貯蔵・運搬が可能であり、電力消費量が多い需要地に運んで利用することでエネルギーの需要と供給の地域格差を調整できるため、未来社会における様々な再生可能エネルギーの大量導入促進に貢献できると考えられる。

## 第5章の参考文献

1）「選択する未来」委員会：選択する未来 – 人口推計から見えてくる未来像 –, 「選択する未来」委員会報告　解説・資料集, 2015.10
2）外務省：持続可能な開発のための2030アジェンダと日本の取組, 2017.3.31
3）バイオマス活用推進基本計画（閣議決定）, 2016.9
4）三菱総合研究所：平成24年度エネルギー消費状況調査（民生部門エネルギー消費実態調査）報告書, 2013.3
5）環境省大臣官房廃棄物・リサイクル対策部廃棄物対策課：メタンガス化（生ごみメタン）施設整備マニュアル, 2008.01
6）石油情報センター：https://oil-info.ieej.or.jp/
7）井上 陽仁：メタン発酵を中心とした地域バイオマス利活用システムの評価, 北海道大学学術成果コレクション, 2013.09.25
8）バイオマス産業社会ネットワーク：地域のメタン発酵施設を成功させるポイント, 第93回研究会, 2009
　　http://www.npobin.net/research/data/93thmaterial.pdf
9）地方独立行政法人 北海道立総合研究機構：家畜ふん尿処理利用の手引き2004, 2004
10）環境省大臣官房廃棄物・リサイクル対策部廃棄物対策課：廃棄物系バイオマス利活用導入マニュアル（詳細版）（案）, 2015.3
11）佐賀清崇, 芋生憲司, 横山伸也, 藤本真司, 柳田高志, 美濃輪智郎：バイオエタノール生産に向けた稲わら等の収集運搬作業体系に関する研究, エネルギー・資源学会論文誌, Vol.29, No.6, pp.8-13, 2008
12）上出光志：稲わらペレットの燃焼条件の最適化に向けた検討, 環境研究総合推進費補助金研究事業研究報告書「バイオマスの利活用を基軸とした地域循環圏のモデル化と普及方策に関する研究（研究代表者古市徹）, 2012.3
13）友川 悠, 古市 徹, 石井 一英, 翁 御棋, 金 相烈：南幌町の稲わらペレットの発熱量に影響を及ぼす因子の実プラントによる検討, 環境システム研究論文発表会講演集, Vol. 40, pp.81-87, 2012
14）南幌町資料　http://www.town.nanporo.hokkaido.jp/mpsdata/web/2472/023_shinchoku_H23.pdf
15）環境省大臣官房廃棄物・リサイクル対策部廃棄物対策課：廃棄物系バイオマス利活用導入マニュアル（詳細版）（案）, 2015.03
16）一般社団法人日本木質ペレット協会　H.P. https://w-pellet.org/pellet-2/1-6/
17）矢萩健太, 古市徹, 石井一英, 金相烈, 谷川昇：南幌町稲わら熱利用システムの事業性評価のための影響要因の検討, 環境システム研究論文発表会講演集, Vol. 38, pp.339-344, 2010
18）青森県 商工労働部 新産業創造課：木質バイオマス燃料ビジネスモデル形成事業 木質ペレット委託調査 報告書, 2009.03
19）地方独立行政法人北海道立総合研究機構 農業研究本部　根釧農業試験場：環境保全と良質粗飼料生産のための乳牛飼養可能頭数算定法, 2007.01

20）株式会社三菱総合研究所：地方公共団体実行計画（区域施策編）策定マニュアルに関する低炭素化手法の検討業務報告書　第二部　都市・街区単位の対策・施策に関する検討, 2011

21）環境省：平成29年版環境白書・循環型社会白書・生物多様性白書, 2017.06

22）国立社会保障・人口問題研究所：日本の地域別将来推計人口（2013.03推計）, 2013.12

23）一般社団法人日本環境衛生施設工業会：日本環境衛生施設工業会　広報誌, No.52, 2014.3

24）環境省：平成28年度　廃棄物の広域移動対策検討調査および廃棄物等循環利用量実態調査報告書（広域移動状況編　平成27年度実績）, 2017.03

25）環境省：平成30年度中小廃棄物処理施設における先導的廃棄物処理システム化等評価事業公募要領 http://www.env.go.jp/recycle/info/chuushou/h30youryou.pdf

26）農林水産省：バイオマス活用推進基本計画, 2016.9（2018.3.19閲覧）http://www.maff.go.jp/j/shokusan/biomass/attach/pdf/index-4.pdf

27）環境省：廃棄物の広域移動対策検討調査および廃棄物等循環利用量実態調査報告書（平成27年度）（2018.3.19閲覧）http://www.env.go.jp/recycle/report/h28-01/

28）北海道南幌町：南幌町稲わら・籾殻・麦わらの有効利用の具体化検討調査, 2009

29）農林水産省：水稲栽培指針（2018.3.19閲覧）http://www.maff.go.jp/j/seisan/kankyo/hozen_type/h_sehi_kizyun/nii03.html

30）北海道米麦改良協：良食味米を目指した土壌管理, 施肥技術（2018.3.19閲覧）http://www.beibaku.net/rice/2012/manual/rice/rice_06.pdf

31）南幌町：稲わらペレットを利用した地域循環システムの構築に向けて, 2014.（2018.3.19閲覧）http://www.town.nanporo.hokkaido.jp/mpsdata/web/2472/000_report.pdf

32）佐野寛, 本庄孝子：バイオマス半炭化の原理と効用, 高温学会誌, 37, 2, pp.43-49, 2011.（2018.3.19閲覧）https://www.jstage.jst.go.jp/article/jhts/37/2/37_43/_pdf

33）木塚嶺介, 石井一英, 藤山淳史, 佐藤昌宏：稲わら燃料利用に向けた半炭化稲わらと木くずの混合ペレットの特性に関する研究, 環境システム研究論文発表会講演集, Vol.45, pp.17-14, 2017

34）木質ペレット協会：木質ペレット品質規格, 2011（2018.3.19閲覧）http://www.tomoe-techno.co.jp/under2/fuel/pdf/pellet2.pdf

35）水津尚駿：北海道大学工学部衛生環境工学コース循環計画システム研究室卒業論文, 2018

36）Harpreet Singh Kambo, Animesh Dutta: Comparative evaluation of torrefaction and hydrothermal carbonization of lignocellulosic biomass for the production of solid biofuel, Energy Conversion and Management, Vol. 105, No. 15, pp.746-755, 2015

37）農林水産省食料産業局：バイオマスの活用をめぐる状況, 2018.01

38）久芳良則：REMシステムについて, 環境技術, Vol.27, pp.15-21, 1998

第5章　未来社会を導くバイオマス利用技術　　185

39) 中村 真人, 柚山 義人, 山岡 賢, 藤川 智紀：メタン発酵プラントにおける物質収支と消化液および消化液脱水ろ液の肥料特性, 農業土木学会論文集, Vol.249, pp.337-343, 2007
40) 上岡 啓之, 亀和田 國彦：水稲コシヒカリに対するメタン発酵消化液の基肥利用, 日本土壌肥料学雑誌, Vol.82, pp.31-40, 2011
41) 宮田 尚稔, 池田 英男, 小島 敬良：メタン発酵消化液が養液土耕, やしがら耕, ロックウール耕, および水耕におけるトマトの生育に及ぼす影響, 日本土壌肥料学雑誌, Vol.76, pp.619-627, 2005
42) 出村幹英：福島県南相馬市における「土着藻類」バイオマス生産, 生物工学第Vol. 95, pp.181-184, 2017
43) 北海道大学大学院工学研究院循環計画システム研究室提供資料
44) 古市徹, 石井一英他：エコセーフなバイオエネルギー, オーム社, 2015
45) 北海道経済連合会：北海道における水素社会の形成に向けて－$CO_2$フリー水素の一大供給地を見据えて－, 2018

186

# 第6章　まとめと展望

　本書は、バイオマスエネルギーを中心としたバイオマスの地産地消的な利活用により、小規模分散型の新しい地域システムを構築することを念頭に、具体的なケーススタディの内容をまとめたものである。

　3章で述べた「廃棄物系バイオマスによるバイオガス事業のフィージビリティスタディ」では、自治体のバイオガス事業の導入要件について、都市の人口規模と産業形態に着目して整理した。特に規模と産業形態など特性の異なる4つの自治体のケーススタディでの検討結果、今後バイオガス事業の導入を検討するにあたっては、1）関連施設との連携（下水道施設との連携、民間企業のバイオガスプラントとの連携、焼却処理施設との連携など）、2）住民協力や理解（バイオガス事業の理解、生ごみ分別協力）、3）バイオガスの利活用（FIT導入）、4）発酵残渣の利用（需要の確保、他機関との連携）、5）バイオガス事業の普及と啓発が必要である。

　ケーススタディで経済性の検討を行ったが、下水処理施設消化槽にて分別収集した生ごみをメタン発酵させるケースでは、既存の焼却炉の更新まで含めると経済的に有利になることが分かった。すなわち、廃棄物部門と下水部門の枠組みを超えた、かつ、次期の焼却炉の施設更新までを想定した長期間の評価が、バイオガス事業を推進するためには必要である。今後、民間委託の例、メタン発酵と焼却を組み合わせたコンバインドシステムの例の解析が求められるが、いずれせよ、関係部局のみならず、長期的に地域全体への効果を推計し、検討することが求められよう。

　4章の「最終処分システムを組み込んだ広域連合型事業の提案」は、現行法を超えた所での検討を行った。地域を広域にとらえ、その広域地域内にあるバイオマスをできるだけ集約的に処理し、スケールメリット

を得て、かつ最終処分量と温室効果ガス排出量を削減しようという取り組みである。北海道内3つの広域地域を対象に、地域にある一廃、産廃、未利用物を対象に、最終処分量を削減しエネルギー回収量を増加させるためにMBTを導入した際の、事業採算性、温室効果ガス削減量の検討を行った。

　事業採算性や温室効果ガス削減量には地域特性により差はあるが、概ね広域化することの意義、一廃、産廃、未利用物を集約し利活用する意義を示すことができた。

　今後は、広域連合型最終処分システムの実現のためには、技術的にMBTの破砕選別技術、及び多種多様な廃棄物の混合発酵の技術の実証的な検討が必要となろう。また、現行法の枠組みを超えた提案であること、そして複数市町村の広域化の検討となることから、都道府県レベルの廃棄物処理計画（一廃と産廃を合わせた計画）が重要となる。都道府県と市町村の緊密な連携の下、各地域での広域連合型の最終処分システム構築が望まれる。

　5章の「未来社会を導くバイオマス利用技術」では、オムニバス形式でいくつか個別の検討を行っている。1つは、これまでの発想とは逆に、集落1単位でのバイオマス利活用システム、あるいは、バイオマス利活用事業成立規模からみた地域づくりのあり方を検討した。その結果、日本版のバイオマスビレッジを提案するに至った。今後、実際の地域や自治体を対象とした詳細検討が望まれよう。その議論には、様々な地域のステークホルダーの参加が必須となるだろう。

　また、人口減少とごみ減量によって、将来の焼却炉の熱源確保と事業性確保のために、一般廃棄物焼却施設に産業廃棄物である農業用プラスチックを混焼するケーススタディを行った。その結果、遠方にまで輸送されていた、あるいは最終処分されていた農業用プラスチックを混焼することの効果が確認された。4章の広域連合型最終処分システムと合わせて、一廃と産廃の混合処理の重要性が示されたと考えている。

さらに、バイオガスプラントから発生する液肥の利用方法やバイオガス由来の水素サプライチェーンの実証試験、稲わらの燃料利用技術の開発など、今後の技術開発の方向性は示すことができたと考えている。

　最後に、本書のタイトルにある「エネルギーとバイオマス～地域システムのパイオニア」という観点からまとめると、再生可能エネルギーの一端を担うバイオマスの「エネルギー」変換のためには、バイオマスの「循環」利用が必要となる。そして地域内におけるバイオマスの循環利用は、多くの関係主体、関連施設、住民との「連携・協力」が必要である。すなわち、バイオマスを循環利用してエネルギーを創出する事業を地域で興すことは、新しい「地域システム」を構築することに他ならない。その新しい地域システムを、創出し評価し、実行に移すのは、まさしく「人」である。本書により「地域システムのパイオニア」が、輩出されることを強く望む。

190

資料編　寄付分野「循環・エネルギー技術システム分野」からの発信　　191

# 資料編　寄付分野
# 「循環・エネルギー技術システム分野」からの発信

## 第1章　循環・エネルギー技術システム分野の概要

### 1.1　設立経緯

　2015年10月1日に、北海道大学大学院工学研究院内に寄附分野「循環・エネルギー技術システム分野」が循環計画システム研究室のご助力により開設された。

　本寄附分野は、いであ（株）、岩田地崎建設（株）、（有）エネルギーシステム研究所、応用地質（株）、小川建設工業（株）、鹿島建設（株）、大成建設（株）、日立造船（株）、八千代エンジニヤリング（株）、日立セメント（株）（平成29年3月より）の計10社から、2018年9月までの3年間の時限付きで寄附を受けることとなった。

### 1.2　設立趣旨

　循環・エネルギー技術システム分野では、民間企業や自治体も参加する産官学連携での研究体制を構築し、社会問題を解決して社会に貢献する技術システムとして、バイオマス（廃棄物系、未利用、資源作物）を中心とした安全・安心な再生可能エネルギーの普及化促進技術システムと、廃棄物のリサイクル・処理技術の効率化と採算性向上を目指した技術システムを研究開発する。

　さらに、本研究を実施する過程で、人材育成も行う。

## 1.3 活動内容

### 1.3.1 研究内容

　本寄附分野は、**図1.3-1**に示すように、寄附分野の世話役でもある同大学院工学研究院 循環計画システム研究室（現・循環共生システム研究室）と緊密な協力・連携の下に、寄附分野からのメンバーを交え、また国、自治体や関連NPO法人などの協力も得ながら、①廃棄物系バイオマス(生ごみ、下水汚泥、家畜ふん尿等)のバイオガス化事業のフィージビリティスタディ、②木質・草木系バイオマスのエネルギー事業の普及方策の検討、③ＡＢＣ構想を実現するための最終処分システムを組み込んだ広域連合型事業の提案を行う。

### 1.3.2 情報発信

　本寄附分野は、**図1.3-1**に示すように、本寄附分野の世話役の循環計画システム研究室と10の寄附会社からの担当者が主メンバーとなり、さらに必要に応じて関連自治体や関係者がオブザーバーとして参加する形の研究グループを2015年12月4日に発足し、研究会を計19回行い、その研究成果や本寄附分野に関連する最新情報を、セミナー7回、シンポジウム4回を通して発信してきた。さらに、その交流活動内容をHPに随時掲載し、外部の方々へ広く情報を公開してきた。

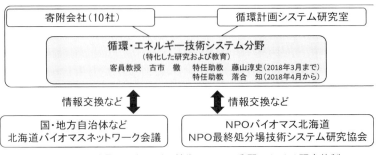

図 1.3-1　循環・エネルギー技術システム分野における研究体制

資料編　寄付分野「循環・エネルギー技術システム分野」からの発信　　193

# 第2章　研究会・セミナー・シンポジウム

## 2.1　研究会の開催

　**表2.1-1**のように、2015年12月4日に研究会を発足し、3年間で計19回の研究会を開催してきた．研究会では、寄附分野、本寄附分野の世話役である循環計画システム研究室、10社の寄附会社からなる主要メンバーが、下記3つのグループに分かれ、必要に応じて自治体や企業の関係者にもオブザーバーとして参加頂き、議論を重ねてきた。オブザーバーも含め、平均の参加人数は約22名であった。

- ・廃棄物系バイオマス（生ごみ、下水汚泥、家畜ふん尿等）のバイオガス化事業のフィージビリティスタディ
- ・木質・草木系バイオマスのエネルギー事業の普及方策の検討
- ・ＡＢＣ構想を実現するための最終処分システムを組み込んだ広域連合型事業の提案

表 2.1-1　研究会の開催状況

| | 月日 | 場所 | 参加人数 |
|---|---|---|---|
| 第1回研究会 | 2015 年 12 月 4 日（金） | | 24 名 |
| 第2回研究会 | 2016 年 2 月 17 日（水） | | 22 名 |
| 第3回研究会 | 2016 年 4 月 22 日（金） | | 26 名 |
| 第4回研究会 | 2016 年 6 月 7 日（火） | | 23 名 |
| 第5回研究会 | 2016 年 8 月 10 日（水） | | 23 名 |
| 第6回研究会 | 2016 年 10 月 4 日（火） | | 22 名 |
| 第7回研究会 | 2017 年 1 月 12 日（木） | | 21 名 |
| 第8回研究会 | 2017 年 3 月 2 日（木） | | 17 名 |
| 第9回研究会 | 2017 年 4 月 28 日（金） | 北海道大学工学部 | 26 名 |
| 第10回研究会 | 2017 年 5 月 25 日（木） | 材料・化学系棟 | 21 名 |
| 第11回研究会 | 2017 年 8 月 3 日（木） | 311 教室 | 21 名 |
| 第12回研究会 | 2017 年 9 月 20 日（水） | | 23 名 |
| 第13回研究会 | 2017 年 10 月 26 日（木） | | 15 名 |
| 第14回研究会 | 2017 年 12 月 6 日（火） | | 20 名 |
| 第15回研究会 | 2018 年 1 月 16 日（火） | | 24 名 |
| 第16回研究会 | 2018 年 3 月 23 日（金） | | 25 名 |
| 第17回研究会 | 2018 年 4 月 24 日（火） | | 26 名 |
| 第18回研究会 | 2018 年 6 月 14 日（木） | | 19 名 |
| 第19回研究会 | 2018 年 8 月 2 日（木） | | 25 名 |

## 2.2 シンポジウム・セミナーの開催

　3年間の活動を通して、研究交流および情報発信の一環として開催してきたセミナー（計7回）とシンポジウム（計4回）の開催状況を**表2.2-1**に示す。

### 2.2.1 第1回セミナー（2016年3月11日）

**題目**　　循環とエネルギーのあるべき姿を考えよう！

**趣旨**　　社会問題を解決して社会に貢献する技術システムとして、バイオマス（廃棄物系、未利用、資源作物）を中心とした安全・安心な再生可能エネルギーの普及促進技術システムと、廃棄物のリサイクル・処理技術の効率化と採算性向上を目指した技術システムを研究開発するために、平成27年10月から3年間の予定で北海道大学大学院工学研究院に寄附分野 循環・エネルギー技術システム分野が開設されました。

　　　　　第1回キックオフセミナーでは、本寄附分野の活動計画を紹

表 2.2-1 寄附分野のセミナー・シンポジウムの開催状況

| | 内容 | | 参加人数 |
|---|---|---|---|
| 開設式 | 2015年10月27日（火） | 北海道大学　百年記念会館 | 86名 |
| 第1回セミナー | 2016年3月11日（金） | 札幌エルプラザ | 90名 |
| 第2回セミナー | 2016年7月1日（金） | 北海道大学　学術交流会館 講堂 | 122名 |
| 第1回シンポジウム | 2016年9月14日（水） | 全国町村会館 ホールA | 106名 |
| 第3回セミナー | 2016年12月7日（水） | 北海道大学　学術交流会館 講堂 | 130名 |
| 第4回セミナー | 2017年2月16日（木） | 北海道大学　学術交流会館 講堂 | 190名 |
| 第5回セミナー | 2017年6月23日（金） | 北海道大学　学術交流会館 講堂 | 129名 |
| 第2回シンポジウム | 2017年8月25日（金） | 全国町村会館 ホールA | 101名 |
| 第6回セミナー | 2017年11月22日（水） | 北海道大学　学術交流会館 講堂 | 116名 |
| 第7回セミナー | 2018年2月16日（金） | 北海道大学　学術交流会館 講堂 | 142名 |
| 第3回シンポジウム | 2018年7月25日（水） | 全国町村会館 ホールA | 96名 |
| 第4回シンポジウム | 2018年9月4日（火） | 北海道大学　学術交流会館 講堂 | 101名 |
| 閉講式 | 2018年11月1日（木） | 北海道大学　百年記念会館 | —*名 |

※本書執筆時点では閉講式開催前であるため。

介するとともに、廃棄物処理における民間とのパートナーシップの事例や廃棄物のエネルギー利用の事例、道内・国内の廃棄物処理の課題についてご講演を頂きます。後半の総合討論では50〜100年後を見据えた将来の循環・エネルギー技術システムのあるべき姿とそれに向けた課題について会場の皆様と議論いたします。

**講演**　1）寄附分野 循環・エネルギー技術システム分野の紹介、藤山淳史（北海道大学）

2）広域ごみ処理とリサイクル、古谷和之（ニセコ運輸（有））

3）廃棄物、分けて生まれる新たな資源〜資源・エネルギー地産地消の取組み、関根嘉津幸（富良野市役所）

4）道内市町村のバイオマス利活用における悩みと希望、今西昌志（北海道庁）

5）廃棄物処理の現状と循環・エネルギー利用の課題、宇佐見貞彦（八千代エンジニヤリング（株））

**総合討論**　コーディネーター：石井一英（北海道大学）

パネリスト　　：藤山淳史、古谷和之、関根嘉津幸、今西昌志、宇佐見貞彦

## 2.2.2　第2回セミナー（2016年7月1日）

**題目**　　今後の循環を担う技術システム

**趣旨**　　昨今の人口減少やエネルギー問題など様々な問題に対して、国内外で新しいシステムの導入や取り組みが展開されつつあります。例えば、一般廃棄物処理では焼却だけに頼らないシステムの模索、木質バイオマスでは様々なスケールでのエネルギー利用が展開されています。

そこで今回のセミナーでは、今後の循環を担う技術システム

として、焼却とメタン発酵を組み合わせたコンバインドシステムや欧州で導入されているMBT、道内で導入が進んでいる木質バイオマスエネルギー利用の事例についてご講演を頂きます。後半の総合討論では、これらの技術システムが更に普及していくための条件や課題について、会場の皆様と議論いたします。

**講演** 1）効率的なエネルギー回収に向けた廃棄物処理技術の動向と課題、宇野　晋（(株)タクマ）

2）東南アジアにおける都市ごみのMechanical Biological Treatment（MBT）の現状、落合　知（国立環境研究所）

3）北海道における木質バイオマスエネルギー利用について、髙橋賢孝（(株) イワクラ）
循環・エネルギー技術システム分野の進捗報告

4）廃棄物系バイオマスのバイオガス事業のフィージビリティースタディー（FS）検討、奥野芳男（日立造船（株））

5）バイオマスのエネルギー事業の普及方策の検討、島田克也（いであ（株））

6）ABC構想を実現するための最終処分システムを組み込んだ広域連合型事業の提案、佐藤昌宏（北海道大学）

**総合討論** コーディネーター：藤山淳史（北海道大学）

パネリスト　　：宇野　晋、落合　知、髙橋賢孝、
　　　　　　　　奥野芳男、島田克也、佐藤昌宏


## 2.2.3　第1回シンポジウム（2016年9月14日）

**題目** 循環から見たエネルギーシステム

**趣旨** 将来のエネルギーの確保を論じる際には、民生（家庭・業務）、産業、運輸の部門別のエネルギー使用形態（電気、熱（冷房）、

車両燃料）及びその供給（事業）主体を考える必要があります。そのような背景のもと、特に、バイオマスを循環して得られるバイオエネルギーの地産地消型エネルギーとして果たす役割は、今後ますます大きくなるだろうと期待されます。今回のシンポジウムでは、国の研究者の立場からバイオマス利活用の全国的動向を踏まえた地域での推進方策についてご講演頂くとともに、バイオマスの循環を通した地域のエネルギーシステムの構築事例、そして自治体と民間が連携して生ごみのバイオガス化に取り組まれている事例についてご講演頂きます。後半の総合討論では、将来のエネルギーシステムを考えた場合のバイオマスの循環の重要性やその普及方策について、会場の皆様と議論いたします。

**基調講演** 地域のバイオマス利活用戦略、稲葉陸太（国立環境研究所）

**講演** 1）紫波町における木質バイオマス地域熱供給の取り組みについて、中尾敏夫（紫波グリーンエネルギー（株））

2）生ごみリサイクルがもたらす社会的効果について、小泉達也（日立セメント（株））

寄附分野の進捗報告

3）廃棄物系バイオマスのバイオガス化事業のFS検討、藤山淳史（北海道大学）

4）集落をベースとしたグリーンイノベーション、八村幸一（鹿島建設（株））

5）北海道におけるバイオマス・資源の処理実態と課題 －広域連合型事業の展開のために－、宇佐見貞彦（八千代エンジニヤリング（株））

**総合討論** コーディネーター：石井一英（北海道大学）

パネリスト ：稲葉陸太、中尾敏夫、小泉達也

藤山淳史、八村幸一、宇佐見貞彦

2.2.4 第3回セミナー（2016年12月7日）

**題目** 循環に貢献するバイオガスシステム

**趣旨** バイオガスシステムは、地域に存在する生ごみや牛ふんなどの廃棄物系バイオマスからエネルギーを回収するだけではなく、良質な液肥や堆肥を製造する、いわば循環のポンプとも言えます。

今回のセミナーでは、バイオガスシステムの最新動向として、牛ふんの集約バイオガスシステムと小型の生ごみ乾式メタン発酵の事例についてご紹介頂きます。後半の総合討論では、本寄附分野の研究の中間報告も踏まえ、循環に貢献するバイオマスシステムを、地域特性に応じてどのような形態で導入可能であるか、そのための条件や課題について、会場の皆様と議論いたします。

**講演** 1）集約型メタン発酵施設について、有田博喜（別海バイオガス発電（株））

2）エネルギーと食の地産地消に貢献するバイオガス発電プラント、遠山忠宏（（株）開成）

循環・エネルギー技術システム分野の進捗報告

3）廃棄物系バイオマスのバイオガス化事業のFS検討、照井竜郎（応用地質（株））

4）集落におけるバイオマスエネルギー利用システムの検討、國安弘幸（八千代エンジニヤリング（株））

5）北海道におけるバイオマス・資源の処理実態と課題(その２)、伊藤俊裕（岩田地崎建設（株））

**総合討論** コーディネーター：藤山淳史（北海道大学）

パネリスト ：有田博喜、遠山忠宏、照井竜郎、
國安弘幸、伊藤俊裕

## 2.2.5 第4回セミナー（2017年2月16日）

**題目** バイオマス利活用による循環・エネルギー技術システムの意義と課題

**講演** 第1部 北海道バイオマスネットワーク・フォーラム2016

1）国等の補助制度を活用したバイオマスの導入促進、菅原　良（（一社）日本有機資源協会）

2）北海道における木質バイオマスのエネルギー利用について、飯田宇之麿（北海道庁）

3）愛林のまち『津別町モデル地域創生プラン』、兼平昌明（津別町役場）

第2部 寄附分野 循環・エネルギー技術システム分野 第4回セミナー

1）北海道におけるバイオガスプラントの歴史と導入の留意点、木村義彰（（地独）北海道立総合研究機構）

2）福岡県大木町のバイオマス資源を活かした循環のまちづくり、松内宏曉（（一社）サスティナブルおおき）

**総合討論** コーディネーター：石井一英（北海道大学）

パネリスト　　　：菅原　良、飯田宇之麿、兼平昌明、木村義彰、松内宏曉

## 2.2.6 第5回セミナー（2017年6月23日）

**題目** 住民参加によるリデュースとリサイクル　−生ごみへの対策と意義−

**趣旨** 国連が掲げている「持続可能な開発目標」にも、食品ロスを減少させることが目標の一つとして掲げられており、近年改めて食品廃棄物の取り組みが注目されています。その中で、家庭系生ごみのリデュースとリサイクルを促進させていくためには、住民の協力が必要不可欠であり、その仕組みづくり

が重要となっています。

そこで本セミナーでは、大都市における生ごみのリデュース・リサイクルの取り組み事例と官民連携で生ごみのメタン発酵を実施している事例、下水処理場で多部局連携による生ごみと下水汚泥の混合メタン発酵を実施している事例についてご紹介頂きます。寄附分野の進捗状況もご報告させて頂いたのち、後半の総合討論では、今後生ごみをリデュース・リサイクルすることの意義を再確認するとともに、住民協力も含めた今後の推進方策について会場の皆様と議論いたします。

**講演** 1）さっぽろの生ごみの減量とリサイクル、浅山信乃（札幌市役所）

2）土浦市のごみ減量とリサイクル推進に向けた取組み −生ごみ分別収集事業について−、中島朋子（土浦市役所）

3）市民・事業者・行政の協働による生ごみの資源化、江蔵正治（恵庭市役所）

循環・エネルギー技術システム分野の進捗報告

4）廃棄物系バイオマスのバイオガス化事業のFS検討（その3）、五十嵐正（大成建設（株））

5）将来の社会変化を見すえたバイオマスのエネルギー事業の普及方策について、島田克也（いであ（株））

6）有機物埋立最終処分場におけるMBT導入の効果、宇佐見貞彦（八千代エンジニヤリング（株））

**総合討論** コーディネーター：佐藤昌宏（北海道大学）

　　　　　パネリスト　　　：浅山信乃、中島朋子、五十嵐正、
　　　　　　　　　　　　　　　島田克也、宇佐見貞彦


## 2.2.7　第2回シンポジウム（2017年8月25日）

**題目**　　　地域活性化のバイオマスエネルギー

**趣旨**　　　生ごみ処理や家畜ふん尿処理、下水処理などこれまではそれ

資料編　寄付分野「循環・エネルギー技術システム分野」からの発信　　201

　　　　　ぞれの部局（異分野）単独で行われていた取り組みが、バイ
　　　　　オマスの利活用を通して、部局間にシナプスが形成されるよ
　　　　　うに、地域に根ざした新たな連携が生まれることで、それが
　　　　　地域の活性化に繋がっています。
　　　　　そこで今回のシンポジウムでは、環境省より循環資源の利用
　　　　　を推進することの意義について大局的な内容を、その後、具
　　　　　体的な取り組みとして、行政内で廃棄物処理と下水処理が連
　　　　　携している事例、地域内で家畜ふん尿処理と下水処理が連携
　　　　　している事例についてご紹介頂きます。寄附分野の進捗状況
　　　　　もご報告させて頂いたのち、後半の総合討論では、バイオマ
　　　　　スエネルギー導入により、地域活性化の観点から何が新しく
　　　　　生まれたのかその効果について皆様と議論いたします。

**基調講演**　循環資源の活用による地域活性化に向けて、髙林祐也（環境省）
**講演**　１）豊橋市バイオマス資源利活用施設整備・運営事業の取組み状
　　　　　況について、小木曽充彦（豊橋市役所）
　　　２）バイオマスプラントと公共下水道の組み合わせによる課題解
　　　　　決への挑戦　環境省・国交省連携「環境調和型バイオマス資
　　　　　源活用モデル事業」（富士宮モデル）、宮島敏博（富士開拓農
　　　　　業協同組合）
　　　　　循環・エネルギー技術システム分野の進捗報告
　　　３）廃棄物系バイオマスのバイオガス化事業のFS検討（その４）、
　　　　　奥野芳男（日立造船（株））
　　　４）バイオマスエネルギー事業普及の課題と対応策について、八
　　　　　村幸一（鹿島建設（株））
　　　５）ABC構想を実現するための最終処分システムを組み込んだ
　　　　　広域連合型事業の提案　－道内地域を対象としたMBT導入と
　　　　　広域連合の検証－、佐藤昌宏（北海道大学）

**総合討論**　コーディネーター：谷川　昇（（公社）日本産業廃棄物処理
振興センター）
パネリスト　　：小木曽充彦、宮島敏博、奥野芳男、
八村幸一、佐藤昌宏


### 2.2.8　第6回セミナー（2017年11月22日）

**題目**　バイオガスシステム事業展開のための新たな技術

**趣旨**　有機性廃棄物のバイオガス化は廃棄物処理やリサイクルの推進、エネルギー創出、地域振興への貢献など様々な目的を達成するために導入されてきましたが、近年では、更に導入を進めるためにバイオガス化と様々な技術を組み合わせた新たな技術システムの開発が行われています。
　今回のセミナーでは、近年特に注目を集めている微細藻類の可能性についてご講演頂いた後、新たな技術システムの一つとして焼却と組み合わせた乾式メタンコンバインドシステムに関する内容と、地域の特徴を生かして技術の組み合わせにより町全体としてバイオマスの利活用を積極的に取り組まれている事例についてご紹介頂きます。寄附分野の進捗状況もご報告させて頂いた後、後半の総合討論では、バイオガス事業を今後更に展開していくためにはどうしたらよいのか、その推進方策について会場の皆様と議論いたします。

**講演**　1）微細藻類のバイオマス資源としての可能性、出村幹英（佐賀大学・筑波大学）
2）乾式メタンコンバインドシステムについて、清瀬章規（日立造船（株））
3）鹿追町環境保全センターの取り組み、城石賢一（鹿追町役場）
循環・エネルギー技術システム分野の進捗報告

資料編　寄付分野「循環・エネルギー技術システム分野」からの発信　　203

　　４）廃棄物系バイオマスのバイオガス化事業のFS検討（その５）、
　　　　小泉達也（日立セメント（株））
　　５）未来の社会ニーズを想定したバイオマス利用の方向性につい
　　　　て、國安弘幸（八千代エンジニヤリング（株））
　　６）有機物埋立処分場におけるMBT導入の効果（その２）、伊藤
　　　　俊裕（岩田地崎建設（株））
**総合討論**　コーディネーター：八村幸一（鹿島建設（株））
　　　　　　　パネリスト　　　：出村幹英、清瀬章規、城石賢一、
　　　　　　　　　　　　　　　　小泉達也、國安弘幸、伊藤俊裕


**2.2.9　第７回セミナー（2018年2月16日）**
**題目**　　地域バイオマス利活用がもたらす効果
**講演**　１）下水処理場における地域バイオマスの利活用、土屋美樹（国
　　　　　土交通省）
　　　　２）木質バイオマスによる低炭素なまちづくりで産業と雇用を創
　　　　　出、大野幸孝（知内町長）
　　　　３）町営バイオガスプラント導入による効果と今後の展開、俗一
　　　　　寿（興部町長）
　　　　４）一般廃棄物（生ごみ、紙ごみ）によるメタン発酵及び発電、
　　　　　高岡好和（南但広域行政事務組合）
**総合討論**　コーディネーター：石井一英（北海道大学）
　　　　　　　パネリスト　　　：土屋美樹、大野幸孝、俗一寿、
　　　　　　　　　　　　　　　　高岡好和


**2.2.10　第３回シンポジウム（2018年7月25日）**
**題目**　　バイオマスの循環とエネルギー
　　　　　　〜地域創りのための技術システム提案〜
**趣旨**　　人口減・高齢化社会に向けて、地域経済の活性化、雇用機会

の創出、活力の再生といった「地域づくり」をキーワードとした活動が活発化しております。その中で「地域のバイオマス」をターゲットとし、その循環とエネルギー利活用によって地域づくりへ貢献するための技術システムについて、2015年10月に北海道大学に開講された寄附分野循環・エネルギー技術システム分野の3年間の研究報告をさせていただきます。基調講演ではバイオマスを活用することによる地域活性化の可能性についてなど、幅広い視点・知見からご講演いただきます。

後半の総合討論では、基調講演および講演をいただいた方をパネリストに迎え、「地域創りのためのバイオマスの循環エネルギー技術システム提案」について、その実行可能性や課題について皆様と議論いたします。

**基調講演**　地域循環共生を通じての地方創生に向けて、藤田　壮（国立環境研究所）

**講演**　1）寄附分野　循環・エネルギー技術システム分野の活動報告、落合　知（北海道大学）

2）廃棄物系バイオマス（生ごみ、下水汚泥、家畜排せつ物等）のバイオガス事業のフィージビリティスタディ、奥野芳男（日立造船（株））

3）バイオマスのエネルギー事業の普及方策の検討、河野恵里子（いであ（株））

4）ABC構想を実現するための最終処分システムを組み込んだ広域連合型事業の提案、佐藤昌宏（北海道大学）

**総合討論**　コーディネーター：落合　知（北海道大学）

パネリスト　　　：藤田　壮、石井一英、奥野芳男、
　　　　　　　　　上村英史、佐藤昌宏

## 2.2.11 第4回シンポジウム（2018年9月4日）

**題目** 「循環・エネルギー技術システム」から
「バイオマスコミュニティプランニング」へ

**趣旨** 地域のバイオマスから得られた再生可能エネルギーの利用
は、循環型、低炭素、自然共生の統合的社会形成の一助とな
るとともに、地域づくりに大きく貢献をします。バイオマス
の循環・エネルギー転換技術やそれを運用するソフト面も含
めたシステムの構築のための知見や事例の整理は、これから
直面する人口減・高齢化社会及び資源が制約となる社会に
とって極めて重要なであると考えています。

そこでシンポジウム第1部では、平成27年10月に開設した寄
附分野循環・エネルギー技術システム分野の3年間の産官学
の活動成果の報告をさせて頂きます。そして第2部では、こ
れまで5期15年間の寄附分野の活動内容を振り返ると共に、
平成30年10月に新しく開設される寄附分野バイオマスコミュ
ニティプランニング分野の活動にどのようにつなげていくの
か、パネルディスカッションを通じて、フロアの皆さんと共
に、深めていきたいと考えています。

**基調講演** 大迫政浩（国立環境研究所）

**講演** 1）寄附分野循環・エネルギー技術システム分野の活動報告　出
版に向けて、落合　知（北海道大学）

2）廃棄物系バイオマス（生ごみ、下水汚泥、家畜排せつ物等）
のバイオガス事業のフィージビリティスタディ、木村浩司（岩
田地崎建設（株））

3）バイオマスのエネルギー事業の普及方策の検討、島田克也（い
であ（株））

4）ABC構想を実現するための最終処分システムを組み込んだ

　　　　　広域連合型事業の提案、宇佐見貞彦（八千代エンジニヤリン
　　　　　グ（株））
　　5）寄附分野の変遷と新寄附分野開設に向けて、石井一英（北海
　　　　　道大学）
**総合討論**　コーディネーター：石井一英
　　　　　パネリスト　　　：大迫政浩、落合　知、木村浩司、
　　　　　　　　　　　　　　島田克也、宇佐見貞彦

# あとがき
## ～寄附分野シンポジウム・セミナーを振り返って

　第1回～第7回のセミナー及び第1～2回のシンポジウムの全9回の（詳細は資料編を参照）について、特にパネルディスカッション形式の総合討論で議論になったことを中心に、かつセミナー、シンポジウム閉会時の挨拶の内容を、所感として自説も含めてまとめたものをあとがきとさせて頂きたい。

### （1）焼却を中心とした画一的なシステムから地域特性に応じた多様なシステムへの転換

　これまでは自治体の規模に関係無く、焼却施設が建設されてきた経緯がある。いつの間にか、「ごみは燃やすもの」になってしまった。焼却システムは、国土が狭く人口密度が高く、最終処分場の確保に窮する我が国にとっては、ごみの衛生処理と減容化のためのシステムとして今後も中心的な役割を担うことは疑いない。しかし、人口減少社会に入り、一層の3Rの推進が叫ばれる中、何を、何のために焼却するのか、を再検討することは有意義である。発電などのエネルギー回収を目的とした場合、広域処理や委託処理費削減のために焼却量を最小にしたい場合、また有機廃棄物由来の窒素・リンの地域内利用を目的にしたい場合、とにかく最終処分量を削減したい場合など、地域によって直面する問題や優先順位が異なるはずであり、自ずと焼却されるごみの種類や量も変わるはずである。地域特性に応じた多様なシステム導入が必要であり、焼却システムを継続的に導入する場合においても、単なる衛生処理、減容化を目的という時代は終わったのである。

（2）目的指向型の要素技術の組合せによるシステム化

　かつては、焼却と言えば、衛生処理・減容化を目的に、可燃ごみ（せいぜいプラスチックをいれるかどうかの違い）を燃やし、焼却残渣が発生する。破砕といえば、粗大ごみを破砕し、選別と言えば、粗大ごみ破砕物を、篩で粒径別に分けて、可燃分と不燃分に選別する。など、技術適用の際の、目的、インプット（対象物）とアウトプット（処理物）がある程度決まっており、システム構築が比較的やりやすかった。

　しかし、MBT（機械的・微生物的処理）の出現によって状況は一変した。MBTとは、破砕と選別の機械的処理プロセスと好気や嫌気微生物処理プロセスを組み合わせた技術体系を表すのであって、MBTという技術プロセスが定義されているわけではない。例えば、ドイツでは当初、有機物の埋立基準が厳しくなったのを受けて、埋立物の前処理として、「破砕・選別→好気 and/or 嫌気的処理」というプロセスのMBTシステムが出現した。一方、含水率の高いごみを扱う上で、破砕・選別することは困難であるから、破砕・選別効率の向上を促し、資源化率を向上させることを目的に「好気的処理（バイオドライング）→破砕・選別」というプロセスのMBTシステムも提案されている。さらに、可燃物からのエネルギー回収率向上、発電施設が非経済的となる規模の小さい焼却システムでもエネルギー回収可能とするために、可燃物を対象に「機械選別－メタン発酵－焼却」なる組合せ（コンバインドシステム）も登場している。

　このように、対象廃棄物をどのような目的で処理、あるいは資源化するのかといった目的を明確にし、機械的処理（破砕・選別）、微生物処理（好気、嫌気）、燃料化（RDFやSRFなど）、焼却（単純、エネルギー回収）、などの要素技術プロセスをいかに組み合わせるかが、今後の課題である。人間が行う「分別」も要素技術プロセスと考え、ごみ減量の意識付けも考慮したシステム作りが望まれよう。

## （3）生ごみの減量化と有効利用は、廃棄物管理の1丁目1番地

　日本の資源分別回収は、容器包装プラスチック・紙（1995年）から制度化された。それは当時、一般廃棄物に占める容積の割合が半分程度占めていたからである。それ以前から始まっていた、瓶・缶のリサイクルとあわせて、今のような自治体が主に収集する資源回収システムが普及してきた。資源化が進むので、近年、可燃物中に占める含水率の高い生ごみの割合が増加し、可燃物の含水率が上昇し、ごみの有する発熱量が低下している。含水率50%のごみを焼却している場合も存在する。

　このような事実に対して、2つ意見を述べたい。1つ目は、生ごみこそ最初にリサイクルの制度化をすべきでなかったのか、ということである。生ごみは含水率が高いので、他のごみと混入すると、資源可能なごみにまで水分や汚れが付着してしまう。結果として、分別が困難になったり、分別しても資源物としての価値が低下してしまう。可燃ごみから、まず生ごみを抜くべきだったのである。2つ目は、生ごみこそ、ごみの象徴であり、この生ごみを分別することが、市民のごみ意識向上につながると考える。容器包装類を分別しても、可燃ごみ中の容器包装類が、資源物に回るだけで、総量は変わらない場合が多く、ごみ減量にはつながらない場合もあるのである。一方、生ごみの分別は、食品ロスの削減につながるだけではなく、他のごみも含めたごみ減量につながると考えており、今後の研究課題であると認識している。

## （4）事業範囲、事業効果の評価バウンダリーの拡張性

　かつての廃棄物処理事業といえば、自治体が扱う一般廃棄物の収集、中間処理・最終処分の範囲内で、モノ、ヒト、カネが閉じていた。その範囲内で、ごみ減量、リサイクル率、最終処分量、費用などの評価軸を用いて事業評価を行ってきた。まさしく、一般廃棄物処理計画の範囲である。

　しかし、生ごみを下水処理施設でメタン発酵する場合は、廃棄物部門の評価と下水部門の評価をした上で、その事業評価が行われるべきであ

る。廃棄物部門では、分別収集の経費が増加したが、下水分野では汚泥乾燥に必要な燃料費が削減する。他の分野との連携や、他の分野に影響を与える事業の場合も然りである。

　もう一つの例は、産業廃棄物としての牛ふん尿の適正処理を促進するために、行政や組合が関与してバイオガスプラントを建設し運用している場合、バイオガスプラント事業部分だけに着目すると、経費的にいつマイナスになってもおかしくない事業となるが、牛ふん尿を排出している酪農家も含めた地域全体の効果としては、金銭換算できない悪臭改善などを除いても、プラスの効果の事業となり得る。

　このように、事業範囲の取り方、事業評価の範囲の取り方の考え方が益々重要になってきていると思う。


### （5）循環とエネルギーの両輪が大事

　本寄附分野の名前そのものである。

　よくバイオガスプラントと言うと、エネルギー（発電）面が大きく取り上げられる傾向にある。日本で初めての集中型バイオガスプラント（1300頭、94.8t／日規模）でも、300kW（100kW×1台、200kW×1台）クラスの発電であり、大規模木質バイオマス発電所（5000kW以上）、風力、太陽光（メガソーラー）の規模には到底及ばない。すなわち、バイオガスプラントは、発電事業というよりも、循環事業なのである。バイオガスプラントにより、悪臭が軽減され、良質な敷料や液肥を得ることができる。エネルギーは、その循環を売電収入面から支える動力に過ぎない。もし、今後、バイオガスの水素利用など、エネルギー事業面での位置づけが大きくなれば、まさにエネルギー事業としての展開が可能となる。

　一方で、大規模木質バイオマス発電所が増えている。FITを活用したエネルギー事業として広く認識されるようになった。しかしながら、大量の木質バイオマスが必要となることから、地域によっては木質バイオ

マスが不足する、競合する事態に陥っている。また、事業のために低価格でかつ大量燃料の確保のため、海外から輸入してまで発電する施設もある。まさに、エネルギー事業としては良いが、循環面では疑問符がつく。長期的視点に立った地域の木質バイオマス資源の循環を考慮することが必要である。すなわち、循環事業としての展開が求められている。

　以上、事業を見る視点は様々あると思うが、廃棄物・バイオマスの利活用事業を考える時には、循環とエネルギーの両輪が大事なのである。


（6）FIT期間中にすべきこと

　現在のバイオマス利活用事業の多くはFITという追い風に乗って推進されている。FIT終了後も、事業を継続・発展させるためにはどうしたら良いのか、工夫が必要である。

　1つ目は、現在稼働中のバイオマス利活用事業について、施設稼働データ、コストデータなどをご提供いただき、それらを統合化し、事業の水平展開時に活用することである。そして、関係者でコスト削減策について議論することである。

　2つ目は、FIT終了後において、新たな価値となる、収入となる技術開発である。バイオガスの水素利用、消化液を用いた藻類培養の技術開発はもとより、バイオガス直接利用、地域電力会社など検討する事項は多い。


（7）官民学のパートナーシップの必要性

　必要性は以前から言われているが、新しいこと、変化が求められるようなことを実行するには、官民学のパートナーシップは欠かせない。パートナーシップの形が課題となろう。

　計画（企画）、設計、施工、実施段階と事業の段階毎に議論させて頂くならば、官民学の連携した議論が最も重要なのが、計画段階、いや企画段階と言ってよい。バイオマス利活用の先進的な事例の背後には、こ

の段階の官民学の勉強会があった。実際に企画が通り、予算が見通せる段階になって計画が具体化していくが、たいていの場合、最も時間がかかるプロセスとなる。しかし、そのプロセスこそが大事である。新しいものを生み出す活性化エネルギーがある臨界点に達するには時間がかかるのである。これが地域の財産となろう。

　予算化され、設計が進み、着工され、実施段階に入る。次に重要なのは、運営と管理である。民間主体で行う場合もあれば、自治体主体であり、実際の運転は民間に委託することもあろう。いずれの場合においても大事なことは、事業主体が責任を持つということである。次に、事業主体は、第三者の意見を聞けるように、事業を外部から監査してもらう仕組みをつくることであると思う。例えば、最終処分場の運営を委託している自治体は、委託先に任せるしかない、任せておけば安心という意識が強く働き、次第に自治体担当者の最終処分場管理ノウハウが低下していく。最終的には、自治体には誰も最終処分場のことが分かる専門家がいないということになる。これは、本来の事業主体が責任を果たしていないということになりかねない。あるいは、民間事業主体の場合で、建設段階までは、補助金目当てで、行政等と連絡を密にとってはいたが、いざ運転が始まってしまうと、急に接触を避けてしまう場合である。このような場合は希であるとは考えられるが、民間事業主体であっても、官民学で議論できる場を残しつつ運営していくことが望まれる。


（8）市民意識の向上

　市民意識が向上すれば、議会の質もよくなり、ましてや首長もがんばり、そのまちはいずれ繁栄するはずである。その地域の繁栄は、結局のところ、そこに住む住民の意識が重要である。

　ごみの適正排出（ルールに従って排出すること）には、まさに、そのまちの市民意識が強く反映されよう。資源物と可燃ごみの有料化の金額に差をつけて、資源物の分別を促進させようと、経済的インセンティブ

は極めて有効な手段である。しかし、インセンティブは無くとも、ルールを遵守するという視点も忘れてはいけないと思う。

## （9）情報伝達手段の工夫

市民や事業者に、3Rの推進、分別協力、適正排出ルール遵守などを呼びかける手段にも工夫が必要である。以前は、行政が発行する広報などにより、行政情報を市民や事業者に伝達する仕組みがあったが、一人暮らし世帯の増加や生活の多様性などにより、広報という単一媒体での情報伝達は不可能になりつつある。大学生、働きはじめの年代、子どもがまだ小さい主婦層、シニア層、などなど、ターゲットに応じた情報伝達手段が必要となる。ネット、アプリ、イベント、タレント、ゆるキャラ利用などあらゆる視点からの情報伝達を工夫する必要がある。

次に情報伝達の内容が肝要になろう。何か、危機感を訴える、自ら参加（協力）しなくてはいけないと意欲が増すような、内容や表現の工夫が必要となる。さらに、そのような市民や事業者の取り組みをモニターして、フィードバックできるような仕組みも必要であろう。

## （10）人材育成

バイオマス利活用を推進するのは、首長次第とよく言われる。しかし、首長だけの努力で、バイオマス利活用が進む訳ではない。首長の熱い思いや呼びかけに、職員が呼応し、意識が変わり、そして役場全体のコンセンサスが形成されていく。そして、議員を含めた住民のコンセンサスが形成される。このように、時間がかかるプロセスが必要なのであり、だからこそバイオマス利活用が実現したときには、そこにコミュニティが形成される。その際のキーワードは、人材育成である。単に、知識を教え込む教育ではなく、地元振興のため、社会貢献のため、環境のために行動できる人材育成する仕組みが求められている。

役所では、人事異動がある。しかも、数年毎にいろいろな部署を回る。

担当者は変わらない方が、専門知識が身につくし、事業を継続的に進めるのには都合が良い。特に、廃棄物に関係する部署は、日々のごみ処理やリサイクルを進めるために、計画づくり、施設整備と維持管理など専門的業務が山積している。新規に処理施設を整備する時などは、前任者の意見も聞きたいだろう。しかし、人事異動が頻繁に行われると、この糸が切れてしまう。

　人事異動が頻繁に行われることは、逆に、その事業の必要性や有効性を、他の部署にまでいち早く伝搬する機能もあるのではないか。バイオマス利活用事業推進には、専門知識も必要であるが、その事業の必要性や有効性を役場内に広め、そして議会を通じて市民にまで拡散させる必要もある。人事異動が頻繁に行われることを前提とした人材育成プログラムも必要であろう。

　継続的な社会人に対する教育が注目を集めている。自治体職員のみならず、そして単に若手のみならず、廃棄物やバイオマス利活用に関係するすべての人に対して、経験型学習も含めた、楽しく魅力的な人材育成プログラムが必要となろう。

　バイオマス利活用事業を実現するのは時間がかかる。人材育成こそが、最短の道のりである。


　本書の作成にあたっては、寄附分野循環・エネルギー技術システム分野のメンバー（スタッフ含む）、セミナー及びシンポジウムでご講演を頂いた皆様、御参加頂いた皆様との議論の結晶です。またケーススタディにご協力頂きました自治体の皆様のおかげです。ここに厚く御礼を申し上げます。

2018年10月

北海道大学大学院工学研究院　循環共生システム研究室

教授　石井一英

あとがき　215

　堀井秀之氏の著書「問題解決のための社会技術」の中で、社会技術とは「社会問題を解決し、社会を円滑に運営するための技術」と記されています。本寄附分野では特にバイオマスと廃棄物を対象として、社会技術を構築していくための調査研究活動を推進してきました。なお、本寄附分野の名称では技術システムを社会技術とほぼ同意で用いていることになります。

　現在、世の中の動向に目を向けてみると、SDGsを大きな機会として捉え、新たな動きが活発に動き出しています。具体的には、それぞれのシステムで有機的な要素の連携（リンケージ）を構築し、それを最も促進するためのレバレッジポイントを押すことが求められています。バイオマスの利活用や廃棄物処理（ビジネスを含む）とは、そのリンケージを構築するために検討するべき最も重要な対象の一つではないかと思われます。そして、そのリンケージを検討していくうえで、参考となる要素が本書の随所に散りばめられていると考えています。もちろんそれは対象によって全く異なりますので、是非、現場でご自身の具体的なケースに当てはめ、関係者でご議論頂く際のたたき台として頂ければ幸いです。

　さて、ここで寄附分野の名称と各WG（3～5章）のつながりを概観してみると、名称冒頭の「循環」とは未利用バイオマスや廃棄物の利活用のことを指しているという点でWG1（3章）の内容に、名称の「エネルギー」とはどうエネルギーを利用するかという点でWG3（5章）の内容に、名称の「システム」とはビジネス（事業）という点でWG2（4章）の内容に繋がっていると考えています。社会技術としての内容にどの程度踏み込めているのかは読者の方々のご判断に譲りますが、研究会やその他多くの場で産官学のそれぞれの立場の枠を超えて議論ができたからこそ踏み込めた内容も多くあるのではないかと考えております。これもひとえに本寄附分野にご賛同頂きました企業の皆様、オブザーバーの皆様、ヒアリング調査等にご協力を頂いた自治体および企業の皆様、セミ

ナー・シンポジウムでご講演頂きました皆様のおかげです。すべての関係者の皆様に、この場をお借りして、厚く御礼申し上げます。

2018年10月

前・北海道大学大学院工学研究院

循環・エネルギー技術システム分野

特任助教　藤山淳史

・・・・・・・・・・・・・・・・・・・・・・・・・・・・・・・・・・・・・・・・・・・・・・

　本書のタイトル「エネルギーとバイオマス 〜地域システムのパイオニア〜」には深い意味と思いが込められております。特に「地域」と「パイオニア」という言葉には、本書を手に取られた方、一人ひとり違ったとらえ方がされ、違った解釈がされることと思います。「地域」とは市町村単位を考える方もいれば、家族・集落を考える人もいらっしゃるでしょう。一方で日本やアジアなど国単位でとらえる方もいるでしょう。本書はそれぞれすべての解釈を網羅した本となっているとは言い難いかもしれませんが、各ＷＧで行った検討や考察から導き出された結論は、少なくとも地域システムを考え直す契機となると思っております。
本書をまとめるにあたり、古市徹名誉教授、石井一英教授、当寄附分野前任の北九州市立大学藤山淳史助教には、的確な助言とご尽力を賜りましたこと、ここに感謝申し上げます。

2018年10月

北海道大学大学院工学研究院

循環・エネルギー技術システム分野

特任助教　落合　知

# 編著者・執筆者一覧

## 【編著者略歴】

### 古市　徹（ふるいち　とおる）

北海道大学名誉教授、大学院工学研究院客員教授、京都大学工学博士

1979年京都大学工学部助手、85年厚生省国立公衆衛生院に移り廃棄物計画室長を経て、94年大阪府立大学工学部助教授、97年から北海道大学大学院工学研究院教授。「廃棄物計画－計画策定と住民合意」共立出版・99年、「バイオガスの技術とシステム」オーム社・06年、「不法投棄のない循環型社会づくり－不法投棄対策のアーカイブス化」環境新聞社・09年、「バイオマス地域循環－再生可能エネルギーのあるべき姿」環境新聞社・12年等、「エコセーフなバイオエネルギー――産官学連携事業の実際―」環境新聞社・15年等著書・論文多数。環境省中央環境審議会臨時委員、北海道環境審議会前会長、土木学会環境システム委員会前委員長、（道）北海道バイオマスネットワーク会議会長、NPO最終処分場技術システム研究協会前理事長、NPOバイオマス北海道理事長など。

### 石井　一英（いしい　かずえい）

北海道大学大学院工学研究院　教授、北海道大学博士（工学）

1970年札幌生まれ。1997年北海道大学大学院工学研究科助手を経て、2010年北海道大学大学院工学研究院准教授、2018年北海道大学大学院工学研究院教授。廃棄物管理計画、バイオマス利活用システム、土壌・地下水汚染修復が専門。北海道環境審議会前委員（循環型社会推進前部会長）、札幌市環境審議委員、北海道水素イノベーション推進協議会など。

【執筆者一覧】（五十音順）

荒山　紀郎　　（合同）マイクロキャタリシス　副代表

飯久保　励　　※日立セメント（株）環境事業推進部　課長

五十嵐　正　　※大成建設（株）環境本部　次長

井谷　隆志　　※鹿島建設（株）北海道支店　次長

伊藤　俊裕　　※岩田地崎建設（株）環境ソリューション部長

岩下　信一　　※応用地質（株）地球環境事業部長

岩原　榮　　　※小川建設工業（株）事業部長

上村　英史　　※岩田地崎建設（株）環境ソリューション部　次長

宇佐見　貞彦　※八千代エンジニヤリング（株）事業統括本部国内事業部
　　　　　　　　　上級フェロー

太田垣　貴啓　※応用地質(株)地球環境事業部資源循環マネジメント部グルー
　　　　　　　　　プリーダー

奥野　芳男　　※日立造船（株）環境事業本部　開発センター長付

落合　知　　　北海道大学　大学院工学研究院　特任助教

木村　浩司　　※岩田地崎建設（株）経営企画課長

國安　弘幸　　※八千代エンジニヤリング（株）事業統括本部国内事業部環境
　　　　　　　　施設部技術第一課

小泉　達也　　※日立セメント（株）環境事業推進部長

河野　恵里子　※いであ（株）国土環境研究所　主査研究員

作田　光生　　※日立セメント（株）

佐々木　知子　※応用地質（株）北海道支店　グループリーダー

佐々木　秀明　※日立造船（株）環境事業本部　水処理技術部

佐藤　昌宏　　北海道大学　大学院工学研究院　助教

島田　克也　　※いであ（株）国土環境研究所長

照井　竜郎　　※応用地質（株）環境再生エンジニアリング部長

中島　正人　　（合同）マイクロキャタリシス　代表

永井　隆吉　※日立セメント（株）特別顧問
中村　智　※鹿島建設（株）環境本部　営業部長
八村　幸一　※鹿島建設（株）プロジェクト開発グループ長
藤山　淳史　北九州市立大学　環境技術研究所　講師
牧野　秀和　※大成建設（株）札幌支店営業部営業担当部長
松井　翔太　※八千代エンジニヤリング（株）事業開発本部エコ・エナジー
　　　　　　　マネジメント室エコ・エナジーマネジメント課副主任
眞鍋　和俊　※応用地質（株）資源循環マネジメント部長
山地　敏男　※(有)エネルギーシステム研究所　会長

※寄附会社

### エネルギーとバイオマス ～地域システムのパイオニア～

| | |
|---|---|
| 発行日 | 2018年11月1日　第1刷 |
| | 2019年2月1日　第2刷 |
| 著　者 | 古市徹／石井一英 |
| 発行者 | 波田幸夫 |
| 発行所 | 株式会社環境新聞社 |
| | 〒160-0004　東京都新宿区四谷3-1-3　第1富澤ビル |
| | 電話　03-3359-5371　　FAX　03-3351-1939 |
| | http://www.kankyo-news.co.jp/ |
| 印刷所 | 株式会社平河工業社 |
| デザイン | 株式会社環境新聞社制作部 |

※本書の一部または全部を無断で複写、複製、転写することを禁じます。
©株式会社環境新聞社　2019　Printed in japan
ISBN978-4-86018-354-7 C3036 定価はカバーに表示しています。